KB066790

일본 여행x문화와 함께 배우는

NEW 맛있는 일본어 Level 3

문선희 저

맛있는 books

NEW **맛있는** 일본어 Level 3

제1판 1쇄 발행 2019년 11월 15일
제2판 1쇄 인쇄 2024년 3월 20일
제2판 1쇄 발행 2024년 3월 30일

기획 JRC 일본어연구소
저자 문선희
발행인 김효정
발행처 맛있는books
등록번호 제2006-000273호
총괄 최정임
편집 한수정
디자인 이솔잎 | 박정현
제작 박선희
삽화 신선영

주소 서울시 서초구 명달로 54 JRC빌딩 7층
전화 구입문의 02·567·3861 | 02·567·3837
내용문의 02·567·3860
팩스 02·567·2471
홈페이지 www.booksJRC.com

ISBN 979-11-6148-079-4 14730
979-11-6148-078-7 (세트)
정가 16,500원

그동안 여러 학생에게 일본어를 가르치면서 일본어 입문 교재 시리즈와 현장에서 바로 쓸 수 있는 서비스 일본어 교재들을 만들어 왔습니다. 이번에는 기존 교재와 달리 새로운 콘셉트로 일본어 입문자가 더 쉽게 접할 수 있는 테마가 무엇인지 생각해 보았습니다. 고민 끝에 체계적인 문법 학습과 반복 말하기 연습으로 익히는 핵심 문장, 그리고 일본 문화를 가미해서 재미있게 학습할 수 있도록 구성해 보았습니다.

『NEW맛있는 일본어』 회화 시리즈는 한 권 속에 일본어(학습), 여행(체험), 문화(흥미)를 결합한 신개념 일본어 교재입니다. 이 세 가지 요소가 가져오는 상호 작용으로 초급 단계도 효과적인 일본어 학습을 기대할 수 있습니다. 본 교재의 학습을 통해서 일본 문화에 관련해서는 실제 일본에 가서 접할 수 있는 내용 중심으로 다루었기 때문에 일본어 학습은 물론 일본에 관심이 있는 학습자들의 호기심을 계속해서 충족시킬 수 있습니다.

교재의 특징을 간단히 설명하자면, 워밍업에서는 각 과에서 학습할 내용에 대한 소개를 하고, 「맛있는 회화」에서는 일본 현지에서 유용하게 쓰일 수 있는 상황 설정으로 회화문을 준비했습니다. 회화는 학습자가 쉽게 반복 말하기 연습을 할 수 있도록 대화문을 두 개씩 제시하였습니다.

「맛있는 문법」에서 기초를 다진 다음, 「맛있는 문장 연습」에서 핵심 문장을 따라 말하면서 연습합니다. 표현에 익숙해지면 「맛있는 회화 연습」에서는 배운 내용을 새로운 문장과 함께 교체 연습하고, 「맛있는 독해 연습」에서도 안내, 이벤트, 전단지 등을 소재로 연습할 수 있고, 역시 실물을 바탕으로 한 내용으로 일본어능력시험(JLPT) 독해의 정보 검색 문제를 준비할 수 있습니다. 마지막으로 「칼럼」을 통해 『NEW맛있는 일본어 Level 1, 2』에서는 여행지에 대한 내용을 다뤘고, 이번 『NEW맛있는 일본어 Level 3』에서는 일본 문화에 대한 정보를 생생한 사진 자료와 함께 접할 수 있도록 구성하였습니다.

끝으로 좋은 교재를 만들어 내기 위해 수고해 주신 맛있는북스 김효정 대표님과 출판 관계자 분들, 그리고 항상 제 강의의 원동력이 되어 주고 있는 사랑하는 가족과 학생들에게 진심으로 감사의 마음을 전하고 싶습니다.

저자 윤선희

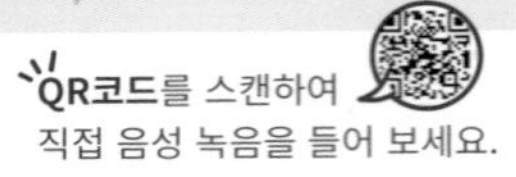

워밍업

과의 문화 내용을 사진으로 파악하고, 학습 내용과 스피킹&독해 주제, 문화 내용을 미리 확인할 수 있습니다.

맛있는 회화

일본 문화와 관련된 짤막한 회화 두 개를 여행 팁과 함께 준비하였습니다. 회화에는 학습 내용뿐만 아니라 문화 요소도 자연스럽게 녹아 있습니다.

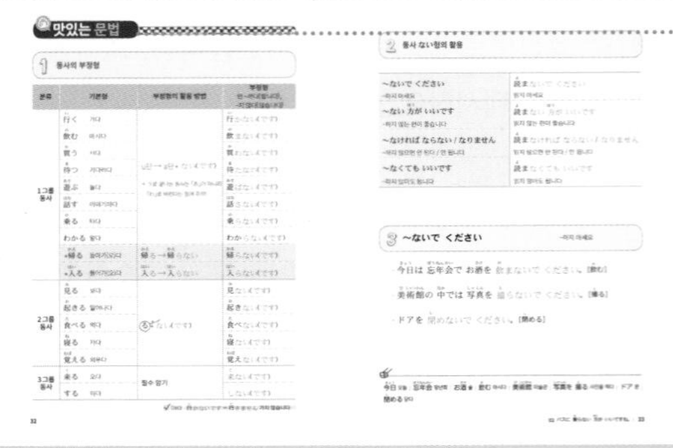

맛있는 문법

맛있는 회화에 등장한 문장을 비롯한 다양한 예문을 통해 문법과 표현을 쉽게 익힐 수 있습니다.

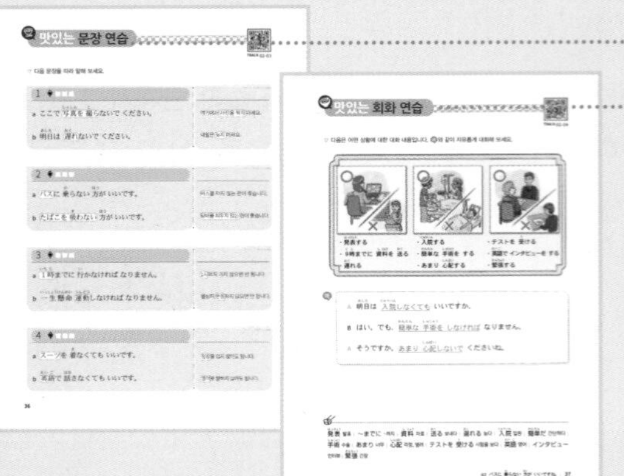

맛있는 문장 연습

과에서 배운 내용으로 만들어진 핵심 문장을 음성을 들으면서 따라 말하기 연습을 할 수 있습니다.

맛있는 회화 연습

실제 상황에서도 일본어를 쓸 수 있도록 실물에 가까운 내용을 보면서 프리토킹을 연습할 수 있습니다.

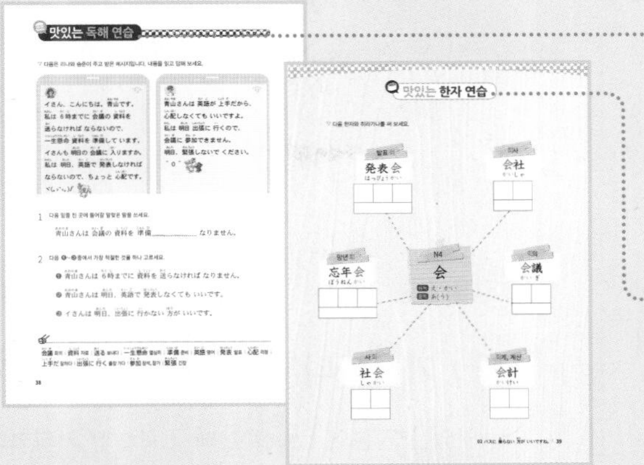

맛있는 독해 연습

일본어능력시험(JLPT) 독해의 정보 검색 문제를 염두에 둔 내용을 읽고 답하는 독해 연습입니다.

맛있는 한자 연습

과마다 음독이 같은 한자 어휘가 마인드맵처럼 모여 있어 효과적으로 어휘를 배울 수 있고, 일본어능력시험 한자 문제에도 대비할 수 있습니다.

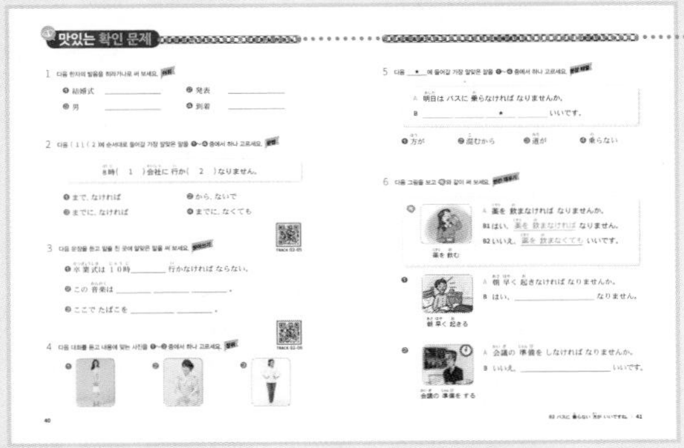

맛있는 확인 문제

배운 내용을 어휘(한자 읽기), 문법, 받아쓰기, 청취, 문장 배열, 빈칸 채우기로 나눠서 점검합니다.

눈으로 맘껏 즐기는 일본 문화

회화 주제와 관련된 다양한 일본 문화를 풍부한 사진과 함께 눈으로 즐기면서 배울 수 있습니다.

권말 부록

맛있는 회화 해석 외 맛있는 독해 연습 정답, 맛있는 확인 문제 정답과 청취 스크립트, 그리고 별책 워크북의 작문 연습 정답을 실었습니다.

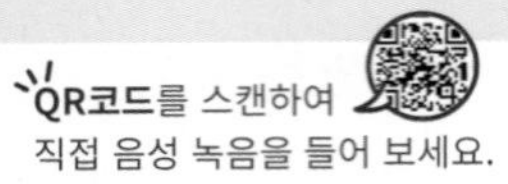

|워크북|

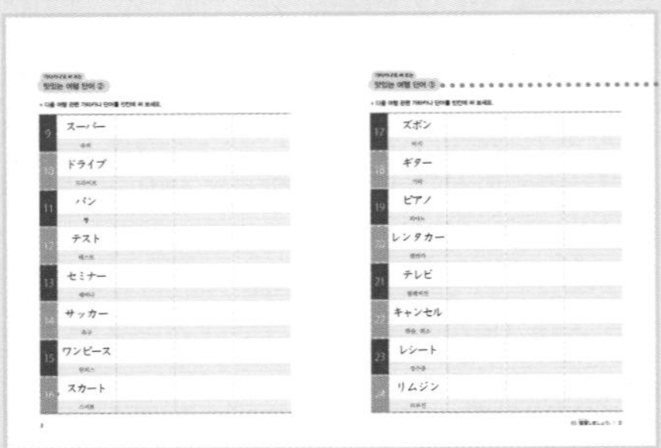

1과 / 가타카나 쓰기 연습

『NEW맛있는 일본어 Level 2』에서 학습한 가타카나 단어의 쓰기 연습을 할 수 있습니다.

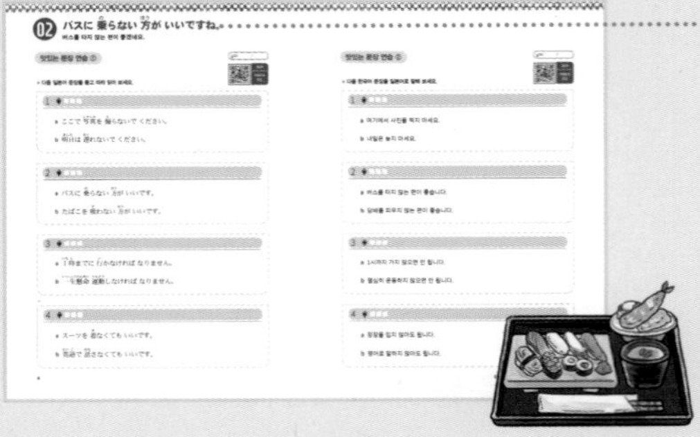

2~12과 / 맛있는 문장 연습

본책에서 연습한 문장을 반복 연습하여 마무리하는 페이지입니다. 음성에 따라 계속 말하기 연습을 하면, 어느새 말이 트이고 표현 암기가 됩니다.

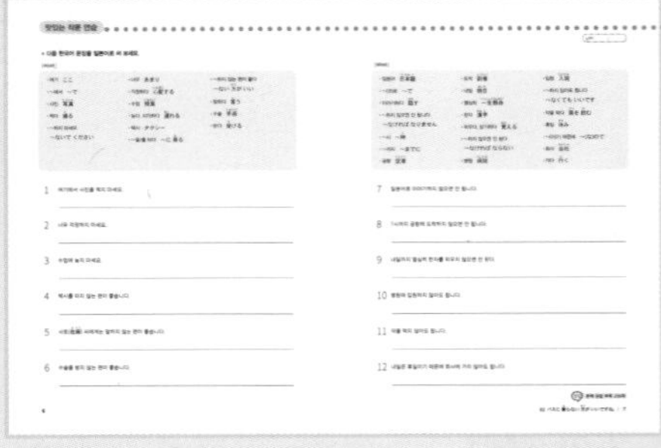

맛있는 작문 연습

과에서 배운 핵심 문장을 활용한 작문 연습입니다. 사전처럼 쓸 수 있는 Hint가 있어서 부담 없이 작문 연습을 할 수 있고, 배운 내용을 다시 점검할 수 있습니다.

|무료 MP3|

일본어 원어민 녹음으로 자연스러운 일본어 발음과 함께 핵심 문장, 회화 등을 따라 말하면서 연습할 수 있습니다.

맛있는북스 홈페이지에서 MP3 파일을 다운로드할 수 있어요.

일러두기

① 본책 1과에서는 『NEW맛있는 일본어 Level 2』에서 학습한 필수 문법 사항을 정리하고 복습할 수 있도록 구성하여 『NEW맛있는 일본어 Level 3』의 학습에 도움이 되도록 하였습니다.

② 『NEW맛있는 일본어 Level 2』에서 학습한 가타카나 단어를 별책 워크북에서 쓰기 연습을 충분히 할 수 있도록 구성하였습니다.

③ 일본 여행에 도움이 되도록, 지명은 처음부터 한자로 표기하되 도(都), 후(府), 겐(県), 시(市) 표기는 생략하였습니다.

④ 일본어를 한글로 표기할 경우에는 외래어표기법에 따라 표기를 하였으나 「つ」는 예외적으로 'ㅊ'로 표기하였습니다.

⑤ 초급 단계부터 효과적으로 일본어를 학습할 수 있도록 학습 한자의 개수를 제한하였습니다.

⑥ 초급 단계부터 효과적으로 일본어를 학습할 수 있도록 일본어 표기에는 띄어쓰기를 하였습니다.

⑦ 초급 단계부터 효과적으로 일본어를 학습할 수 있도록 어휘, 표현과 학습 내용을 반복해서 연습할 수 있게끔 구성하였습니다.

⑧ 초급 단계부터 일본인과 회화를 할 수 있도록 단어는 정중한 표현을 선택하였습니다.

⑨ 「맛있는 회화」에는 그 과의 학습 문법과 표현에 색을 넣어 표시하였습니다.

⑩ 음원은 초급 학습자가 자율적으로 말하기 연습을 할 수 있도록 보통 속도보다 약간 느린 속도로 녹음되어 있습니다.

차례

학습 구성표

01 (15쪽)

復習(ふくしゅう)しましょう。 복습해 봅시다.

학습 목표 『NEW맛있는 일본어 Level 2』에서 배운 내용을 정리하고 복습해 볼 수 있다.

학습 내용

1 동사 ます형의 과거형·과거 부정형
2 동사 ます형의 활용 총정리
3 형용사의 활용 정리
4 ～から / ～(な)ので
5 동사 て·た·たり형
6 동사 て·た·たり형의 활용 정리
7 ～て いる
8 ～に なる / ～く なる
9 ～と 思(おも)います
10 동사의 가능형

기타

1 일본어 스피치
2 상황별 회화(길 안내, 계획 묻기, 허가&금지)

02 (29쪽)

バスに 乗(の)らない 方(ほう)が いいですね。 버스를 타지 않는 편이 좋겠네요.

학습 목표 동사의 부정형과 ない형을 활용하여 자연스럽게 말할 수 있다.

학습 내용

1 동사의 부정형
2 동사 ない형의 활용
3 ～ないで ください ~하지 마세요
4 ～ない 方(ほう)が いいです ~하지 않는 편이 좋습니다
5 ～なければ ならない ~하지 않으면 안 된다
6 ～なければ なりません ~하지 않으면 안 됩니다
7 ～なくても いいです ~하지 않아도 됩니다(좋습니다)
8 ～までに ~까지

문화

일본의 결혼식
1 일본의 전통식 결혼
2 일본의 현대식 결혼
3 결혼식 하객 복장
4 결혼식 초대장과 축의금

03 (43쪽)

遊(あそ)びに 行(い)けなく なりました。 놀러 갈 수 없게 되었습니다.

학습 목표 가능 동사의 부정형과 부정형의 과거형, 3인칭의 희망 표현을 활용하여 자연스럽게 말할 수 있다.

학습 내용

1 가능 동사의 부정형
2 가능 동사 부정형의 과거형
3 ～かも しれない / しれません ~일지도 모른다 / 모릅니다
4 ～たがる ~하고 싶어 하다
5 ～んです ~(이)에요, ~(이)거든요

문화

일본의 기념일 및 연중 행사
1 골든위크
2 어머니의 날 / 아버지의 날
3 오봉
4 시치고산

07

99쪽

どうやって 行(い)けば いいですか。 어떻게 가면 됩니까?

학습 목표 동사의 가정형에 대해 배우고 「ば」, 「と」, 「たら」, 「なら」를 활용하여 자연스럽게 말할 수 있다.

학습 내용

1 동사의 가정형(〜ば)
2 〜ば ~하면
3 〜と ~하면
4 〜たら ~하면, ~한다면
5 〜なら ~라면
6 동사 ます형 + すぎる 지나치게(너무) ~하다
7 〜のに ~(인)데, ~(인)데도

문화

일본의 편의점과 드러그스토어
1 일본의 편의점
2 일본의 다양한 편의점 음식
3 일본의 약국
4 일본의 드러그스토어

08

113쪽

荷物(にもつ)を 預(あず)かって もらえますか。 짐을 맡아 주시겠어요?

학습 목표 やりもらい 표현에 대해 배우고 「〜て あげる」, 「〜て くれる」, 「〜て もらう」 표현을 활용하여 자연스럽게 말할 수 있다.

학습 내용

1 やりもらい 표현
2 〜て あげる (상대방에게) ~해 주다
3 〜て くれる / くださる (상대방이) ~해 주다 / 주시다
4 〜て もらう / いただく ~해 주다 / 받다
5 〜て もらえますか / いただけますか ~해 주시겠습니까?

문화

일본의 선물 문화
1 오미야게와 선물
2 오추겐
3 오세보
4 오카에시

09

127쪽

見(み)るだけで 癒(いや)されますね。 보는 것만으로 힐링되네요.

학습 목표 동사의 수동형에 대해 배우고 일반 수동과 피해 수동 표현 및 「ために」를 활용하여 자연스럽게 말할 수 있다.

학습 내용

1 동사의 수동형(受(う)け身(み))
2 일반 수동형: ~해지다, ~함을 당하다
3 피해 수동형: ~함을 당하다
4 気(き)が する 느낌이 들다
5 〜と いう ~(이)라고 하는
6 명사 + の ために ~을/를 위해
동사 기본형 + ために ~하기 위해
7 동사 기본형 + だけで ~하는 것만으로

문화

일본의 전통 예술
1 가부키
2 가부키 무대
3 노와 교겐
4 하이쿠

10

141쪽

1時間(いちじかん)も 待(ま)たせられましたよ。 1시간이나 기다렸어요.

학습 목표 동사의 사역형과 사역 수동형에 대해 배우고「**～ば ～ほど**」등을 활용하여 자연스럽게 말할 수 있다.

학습 내용

1 동사의 사역형
2 동사의 사역 수동형
3 **～ば ～ほど** ~하면 ~할수록
4 **～じゃ ないですか** ~(이)잖아요, ~(이)지 않습니까?
5 **～と いうのは** ~(이)라고 하는 것은
6 **～も** ~이나 / ~도, 역시

문화

일본의 입시 문화
1 일본의 입시 제도
2 다자이후 덴만구
3 합격 기원 음식 돈가스
4 합격 기원 선물

11

155쪽

お支払(しはら)いは どう なさいますか。 지불은 어떻게 하시겠습니까?

학습 목표 특별 존경어와 겸양어에 대해 배우고「**お** + 동사 **ます**형 + **ですか**」를 활용하여 자연스럽게 말할 수 있다.

학습 내용

1 특별 존경어 · 겸양어
2 존경어
3 겸양어
4 **なさいますか** 하시겠습니까?
5 **お** + 동사 **ます**형 + **ですか** / **でしょうか** ~이십니까?
* 그림으로 보는 경어 회화 표현 1

문화

일본 지폐 속 인물
1 일본의 화폐 종류
2 1000엔 지폐 속 인물 노구치 히데요
3 5000엔 지폐 속 인물 히구치 이치요
4 10000엔 지폐 속 인물 후쿠자와 유키치

12

169쪽

黄色(きいろ)い線(せん)の 内側(うちがわ)で お待(ま)ちください。 노란선 안쪽에서 기다려 주십시오.

학습 목표 존경어와 겸양어를 만드는 방법과 자동사 및 타동사를 활용하여 자연스럽게 말할 수 있다.

학습 내용

1 존경어 표현
2 겸양어 표현
3 ～行(ゆ)き(行(い)き) ~행
4 자동사 · 타동사
* 그림으로 보는 경어 회화 표현 2

문화

일본의 연말연시
1 오미소카 2 하츠모데
3 가가미모치 4 가도마츠
5 오토시다마 6 오조니

등장인물 소개

김세영

キム・セヨン

한국인, 대학생, 20세

원래는 한국대학교 심리학과 학생인데, 일본 문화와 여행에 관심이 많아서 현재 일본 도쿄에 있는 K대학에 유학하고 있다. 대학의 여행 동아리에서 사토시와 함께 활동 중이다.

다나카 사토시

田中(たなか)さとし

일본인, 대학생, 21세

일본 K대학 재학생이다. 유학생과 교류하는 프로그램을 통해 세영이를 알게 된다. 후쿠오카 출신이고 대학의 여행 동아리 회원이다.

이승준

イ・スンジュン

한국인, 직장인, 26세

도쿄에 있는 회사에 취업한 직장인이다. 요리와 커피에 관심이 많고, 리나와 같은 직장인 여행 동호회에서 일본 여행을 즐기고 있다.

아오야마 리나

青山(あおやま)りな

일본인, 직장인, 27세

승준이와 같은 회사의 부서 직원이다. 도쿄 출신으로 여행과 사진이 취미이다. 승준이와 같은 직장인 여행 동호회에서 활동하면서 폴을 알게 된다.

그레이스 켈리

グレース・ケリー

프랑스인, 의사, 47세

도쿄에서 일본어를 배우는 프랑스인 의사이다. 주변 사람 추천으로 직장인 여행 동호회에 가입하게 되는데, 거기서 승준이를 만나게 된다.

폴 뉴먼

ポール・ニューマン

영국인, 직장인, 33세

도쿄에 있는 회사에 취업한 직장인이다. 휴일에 일본 국내 여행을 즐기는 와중에 직장인 여행 동호회를 알게 돼서 가입하게 된다. 같은 동호회에서 리나와 친구가 된다.

復習(ふくしゅう)しましょう。

복습해 봅시다.

『Level 2』의 여행지는?

간토, 주부, 홋카이도, 오키나와, 시코쿠

関東(かんとう), 中部(ちゅうぶ), 北海道(ほっかいどう), 沖縄(おきなわ), 四国(しこく)

『NEW맛있는 일본어 Level 2』에서는 간토 외에도 도쿄 근교 여행지인 주부, 일본 최북단의 홋카이도와 최남단의 오키나와 등에 대해 살펴보았습니다.

이번 과의 포인트는?

『NEW맛있는 일본어 Level 2』에서 배운 내용을 정리하고 복습해 볼 수 있습니다.

『NEW맛있는 일본어 Level 2』에서 배운 내용을 바탕으로 길 안내, 계획 묻기, 허가 및 금지 표현을 익힐 수 있습니다.

『NEW맛있는 일본어 Level 2』에 나온 문법 요소들을 바탕으로 한 일본어 스피치 내용을 읽고 말할 수 있습니다.

맛있는 복습 ❶ 문법 정리

1 동사 ます형의 과거형・과거 부정형

『NEW맛있는 일본어 Level 2』 32쪽 참조

분류	기본형		활용 방법	~ました ~했습니다	~ませんでした ~하지 않았습니다
1그룹 동사	買(か)う	사다	u단 → i단 + ました ませんでした	買いました	買いませんでした
	会(あ)う	만나다		会いました	会いませんでした
	聞(き)く	듣다		聞きました	聞きませんでした
	行(い)く	가다		行きました	行きませんでした
	待(ま)つ	기다리다		待ちました	待ちませんでした
	飲(の)む	마시다		飲みました	飲みませんでした
	遊(あそ)ぶ	놀다		遊びました	遊びませんでした
	乗(の)る	타다		乗りました	乗りませんでした
	★帰(かえ)る	돌아가(오)다	る → り + ました ませんでした	帰りました	帰りませんでした
2그룹 동사	見(み)る	보다	る + ました ませんでした	見ました	見ませんでした
	食(た)べる	먹다		食べました	食べませんでした
3그룹 동사	来(く)る	오다	필수 암기	来(き)ました	来(き)ませんでした
	する	하다		しました	しませんでした

✔ Check 友達(ともだち)に 会(あ)う 친구를 만나다, バスに 乗(の)る 버스를 타다

2 동사 ます형의 활용 총정리

『NEW맛있는 일본어 Level 2』 60쪽, 74쪽, 89쪽 참조

～ます	~합니다	読(よ)みます	읽습니다
～ました	~했습니다	読(よ)みました	읽었습니다
～ません	~하지 않습니다	読(よ)みません	읽지 않습니다
～ませんでした	~하지 않았습니다	読(よ)みませんでした	읽지 않았습니다
～ましょう	~합시다	読(よ)みましょう	읽읍시다
～ましょうか	~할까요?	読(よ)みましょうか	읽을까요?
～ませんか	~하지 않겠습니까?	読(よ)みませんか	읽지 않겠습니까?
～に 行(い)く	~하러 가다	読(よ)みに 行(い)く	읽으러 가다
～たいです	~하고 싶습니다	読(よ)みたいです	읽고 싶습니다
～たく ありません	~하고 싶지 않습니다	読(よ)みたく ありません	읽고 싶지 않습니다
～ながら	~하면서	読(よ)みながら	읽으면서
～やすい	~하기 쉽다	読(よ)みやすい	읽기 쉽다
～にくい	~하기 어렵다	読(よ)みにくい	읽기 어렵다
～方(かた)	~하는 법	読(よ)み方(かた)	읽는 법

잠깐! TIP

동작성 명사 + に 行(い)く ~하러 가다

★ 旅行(りょこう)・買(か)い物(もの)・花見(はなみ)・食事(しょくじ)・出張(しゅっちょう)・ドライブ・運動(うんどう)・散歩(さんぽ)に 行(い)きます。
(여행・쇼핑・꽃구경・식사・출장・드라이브・운동・산책) 하러 갑니다.

3 형용사의 활용 정리

『NEW맛있는 일본어 Level 2』 49쪽 참조

분류	い형용사의 활용		な형용사의 활용	
기본형	おいしい 맛있다	いい 좋다	便利(べんり)だ 편리하다	静(しず)かだ 조용하다
과거형	おいしかったです 맛있었습니다	よかったです 좋았습니다	便利(べんり)でした 편리했습니다	静(しず)かでした 조용했습니다
과거 부정형	おいしく ありませんでした 맛이 없었습니다	よく ありませんでした 좋지 않았습니다	便利(べんり)じゃ ありませんでした 편리하지 않았습니다	静(しず)かじゃ ありませんでした 조용하지 않았습니다
부사형	おいしく 맛있게	よく 좋게, 잘	便利(べんり)に 편리하게	静(しず)かに 조용히

4 ~から / ~(な)ので

『NEW맛있는 일본어 Level 2』 62쪽, 91쪽 참조

종류	접속 방법	예
명사	명사 + だから なので	誕生日(たんじょうび)だから 생일이니까 誕生日(たんじょうび)なので 생일이기 때문에
な형용사	기본형 + から ~だ + なので	有名(ゆうめい)だから 유명하니까 有名(ゆうめい)なので 유명하기 때문에
い형용사	기본형 + から ので	暑(あつ)いから 더우니까 暑(あつ)いので 덥기 때문에
동사	기본형 + から ので	到着(とうちゃく)するから 도착하니까 到着(とうちゃく)するので 도착하기 때문에

5 동사 て・た・たり형

『NEW맛있는 일본어 Level 2』 102쪽, 144쪽, 158쪽 참조

분류	기본형		て・た・たり형의 활용 방법	~て ~하고, ~해서	~た ~했다, ~한	~たり ~하기도 하고
1그룹 동사	会(あ)う	만나다	う・つ・る →って った ったり	会(あ)って	会(あ)った	会(あ)ったり
	待(ま)つ	기다리다		待(ま)って	待(ま)った	待(ま)ったり
	乗(の)る	타다		乗(の)って	乗(の)った	乗(の)ったり
	★帰(かえ)る	돌아가(오)다		帰(かえ)って	帰(かえ)った	帰(かえ)ったり
	死(し)ぬ	죽다	ぬ・む・ぶ →んで んだ んだり	死(し)んで	死(し)んだ	死(し)んだり
	飲(の)む	마시다		飲(の)んで	飲(の)んだ	飲(の)んだり
	遊(あそ)ぶ	놀다		遊(あそ)んで	遊(あそ)んだ	遊(あそ)んだり
	聞(き)く	듣다	く→いて いた いたり	聞(き)いて	聞(き)いた	聞(き)いたり
	泳(およ)ぐ	헤엄치다	ぐ→いで いだ いだり	泳(およ)いで	泳(およ)いだ	泳(およ)いだり
	話(はな)す	이야기하다	す→して した したり	話(はな)して	話(はな)した	話(はな)したり
	★行(い)く	가다	行(い)く→行(い)って 行(い)った 行(い)ったり	行(い)って	行(い)った	行(い)ったり
2그룹 동사	見(み)る	보다	る+て た たり	見(み)て	見(み)た	見(み)たり
	食(た)べる	먹다		食(た)べて	食(た)べた	食(た)べたり
3그룹 동사	来(く)る	오다	필수 암기	来(き)て	来(き)た	来(き)たり
	する	하다		して	した	したり

6 동사 て・た・たり형의 활용 정리

『NEW맛있는 일본어 Level 2』 103~104쪽, 130~131쪽, 145~146쪽, 159쪽 참조

~て います	~하고 있습니다	書(か)いて います	쓰고 있습니다
~て いる + 명사	~하고 있는 + 명사	書(か)いて いる 本(ほん)	쓰고 있는 책
~て いるんですが	~하고 있는데요	書(か)いて いるんですが	쓰고 있는데요
~て ください	~해 주세요	書(か)いて ください	써 주세요
~ても いいです	~해도 됩니다	書(か)いても いいです	써도 됩니다
~ては いけません	~하면 안 됩니다	書(か)いては いけません	쓰면 안 됩니다
~て みる	~해 보다	書(か)いて みる	써 보다
~てから	~하고 나서	書(か)いてから	쓰고 나서
~た ことが あります / ありません	~한 적이 있습니다 / 없습니다	行(い)った ことが あります / ありません	간 적이 있습니다 / 없습니다
~た 方(ほう)が いいです	~하는 편(쪽)이 좋습니다	行(い)った 方(ほう)が いいです	가는 쪽이 좋습니다
~た 時(とき)	~했을 때	行(い)った 時(とき)	갔을 때
~たり ~たり する	~하기도 하고 (하거나) ~하기도 (하거나) 하다	行(い)ったり 来(き)たり します	가기도 하고 오기도 합니다

7 ～て いる

『NEW맛있는 일본어 Level 2』 116~117쪽 참조

❶ 상태를 나타내는 「～て いる」

- 弟(おとうと)は 結婚(けっこん)して います。 → 결혼했습니다
- 私(わたし)は 東京(とうきょう)に 住(す)んで います。 → 살고 있습니다

❷ 자연 현상을 나타내는 「～て いる」

- 雪(ゆき)[雨(あめ)]が たくさん 降(ふ)って いますね。 → 내리고 있습니다
- 風(かぜ)が 吹(ふ)いて います。 → 불고 있습니다

❸ 착용을 나타내는 「～て いる」

- 帽子(ぼうし)を かぶって います。 → 쓰고 있습니다

- Tシャツ[ワンピース]を 着(き)て います。 → 입고 있습니다

- スカート[ズボン]を はいて います。 → 입고 있습니다

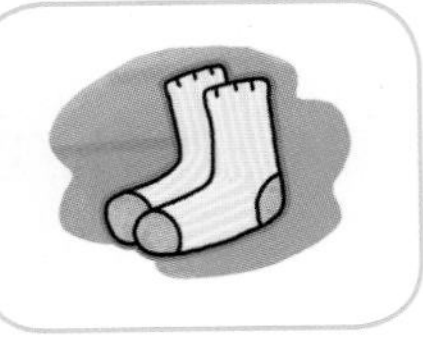

- 靴(くつ)[靴下(くつした)]を はいて います。 → 신고 있습니다

8 ～に なる / ～く なる

『NEW맛있는 일본어 Level 2』 88쪽 참조

종류	접속 방법	예
명사	명사 + に なる	大学生(だいがくせい)に なる 대학생이 되다
な형용사	～~~だ~~ + に なる	有名(ゆうめい)に なる 유명해지다
い형용사	～~~い~~ + く なる	暑(あつ)く なる 더워지다

9 ～と 思(おも)います

『NEW맛있는 일본어 Level 2』 174쪽 참조

종류	접속 방법	예
명사	명사 だ + と 思(おも)います	明日(あした)も 雨(あめ)だと 思(おも)います。 내일도 비가 올 거라고 생각합니다.
な형용사	～だ + と 思(おも)います	便利(べんり)だと 思(おも)います。 편리하다고 생각합니다.
い형용사	～い + と 思(おも)います	高(たか)いと 思(おも)います。 비싸다고 생각합니다.
동사	기본형 + と 思(おも)います	雪(ゆき)が 降(ふ)ると 思(おも)います。 눈이 올 거라고 생각합니다.

10 동사의 가능형

『NEW맛있는 일본어 Level 2』 172~173쪽 참조

분류	기본형		가능형의 활용 방법	가능형 ~할 수 있다 / ~할 수 있습니다
1그룹 동사	会(あ)う	만나다	u단 → e단 + る ます	会(あ)える / 会(あ)えます
	待(ま)つ	기다리다		待(ま)てる / 待(ま)てます
	行(い)く	가다		行(い)ける / 行(い)けます
	飲(の)む	마시다		飲(の)める / 飲(の)めます
	遊(あそ)ぶ	놀다		遊(あそ)べる / 遊(あそ)べます
	泳(およ)ぐ	헤엄치다		泳(およ)げる / 泳(およ)げます
	話(はな)す	이야기하다		話(はな)せる / 話(はな)せます
	乗(の)る	타다		乗(の)れる / 乗(の)れます
	★帰(かえ)る	돌아가(오)다	帰(かえ)る → 帰(かえ)れる	帰(かえ)れる / 帰(かえ)れます
2그룹 동사	見(み)る	보다	~~る~~ + られる られます	見(み)られる / 見(み)られます
	食(た)べる	먹다		食(た)べられる / 食(た)べられます
3그룹 동사	来(く)る	오다	필수 암기	来(こ)られる / 来(こ)られます
	する	하다		できる / できます

✓ Check 「동사의 기본형 + ことが できる」도 동사의 가능 표현이 됩니다.

맛있는 복습 ❷ 일본어 스피치

폴 뉴먼

ポール・ニューマン

TRACK 01-01

私(わたし)は 中国語(ちゅうごくご)と 英語(えいご)が できますが、日本語(にほんご)は あまり 話(はな)せません。それで、週(しゅう)に 二回(にかい) 日本語(にほんご)を 習(なら)いに 行(い)きます。今度(こんど)の 土曜日(どようび)は 着物(きもの)を 着(き)て 日本料理(にほんりょうり)の 作(つく)り方(かた)を 習(なら)う イベントが あります。私(わたし)も 行(い)く 予定(よてい)です。2時(にじ)からなので、遅(おく)れては いけません。この イベントは 外国人(がいこくじん)は 参加(さんか)しても いいですが、日本人(にほんじん)は 参加(さんか)できません。

저는 중국어와 영어를 할 수 있는데, 일본어는 그다지 말할 수 없습니다. 그래서 일주일에 2번 일본어를 배우러 갑니다. 이번 토요일에는 기모노를 입고 일본 요리 만드는 법을 배우는 이벤트가 있습니다. 저도 갈 예정입니다. 2시부터이기 때문에 늦으면 안 됩니다. 이 이벤트는 외국인은 참가해도 되지만, 일본인은 참가할 수 없습니다.

그레이스 켈리

グレース・ケリー

TRACK 01-02

私(わたし)は 先週(せんしゅう)の 土曜日(どようび)に 箱根温泉(はこねおんせん)に 行(い)って 来(き)ました。バスより ロマンスカーに 乗(の)った 方(ほう)が 早(はや)かったです。露天風呂(ろてんぶろ)も よかったし、会席料理(かいせきりょうり)も おいしかったです。でも、部屋(へや)は あまり 広(ひろ)く ありませんでした。また 来年(らいねん)も 行(い)く つもりなので、一緒(いっしょ)に 行(い)きませんか。

저는 지난주 토요일에 하코네 온천에 갔다 왔습니다. 버스보다 로망스카를 타는 쪽이 빨랐습니다. 노천탕도 좋았고, 가이세키 요리도 맛있었습니다. 하지만, 방은 별로 넓지 않았습니다. 또 내년에도 갈 생각이니까 같이 가지 않겠습니까?

아키야마 유나
秋山ユウナ

TRACK 01-03

私は 横浜に 住んで います。今は ホテルで 働いて います。先週は 東京から イさんが 遊びに 来ました。イさんと 私は 前に 東京で 一緒に 働いて いた ことが あります。イさんに 会って 夜景を 見ながら、コーヒーを 飲んだり レストランで 食事を したり しました。とても 楽しかったので、また 一緒に 遊びたいです。

저는 요코하마에 살고 있습니다. 지금은 호텔에서 일하고 있습니다. 지난주는 도쿄에서 이 씨가 놀러 왔습니다. 이 씨와 저는 전에 도쿄에서 같이 일했던 적이 있습니다. 이 씨를 만나서 야경을 보면서 커피를 마시기도 하고 레스토랑에서 식사를 하기도 했습니다. 매우 즐거웠기 때문에 또 같이 놀고 싶습니다.

하민지
ハ・ミンジ

TRACK 01-04

私は 4人家族です。弟は 今年 大学生に なります。弟も 旅行が 好きなので、先月 一緒に 北海道の 雪祭りに 行きました。私たちが 行った 時、札幌は 雪が たくさん 降って いました。私の 趣味は 写真を 撮る ことだから、景色を 撮ったり 小樽で 外国人観光客向けの 体験を したり しました。北海道に 行く 時は レンタカーを 借りた 方が いいと 思います。

저는 네 식구입니다. 남동생은 올해 대학생이 됩니다. 남동생도 여행을 좋아하기 때문에 지난달에 같이 홋카이도 눈축제에 갔습니다. 저희들이 갔을 때, 삿포로는 눈이 많이 내리고 있었습니다. 제 취미는 사진을 찍는 것이라서 경치를 찍기도 하고 오타루에서 외국인 관광객 대상 체험을 하기도 했습니다. 홋카이도에 갈 때는 렌터카를 빌리는 쪽이 좋다고 생각합니다.

맛있는 복습 ③ 상황별 회화

길 안내

TRACK 01-05

A あの、すみません。博物館(はくぶつかん)は どこに ありますか。

저, 실례합니다. 박물관은 어디에 있습니까?

B あそこの 公園(こうえん)、見(み)えますか。あの 公園(こうえん)の 中(なか)に ありますよ。

저기 공원, 보입니까? 저 공원 안에 있습니다.

この 道(みち)を まっすぐ 行(い)って 右(みぎ)に 曲(ま)がって ください。

이 길을 쭉 가서 오른쪽으로 도세요.

A ありがとうございます。 감사합니다.

✓Check となり 옆, 右(みぎ) 오른쪽, 左(ひだり) 왼쪽, 中(なか) 안, 前(まえ) 앞

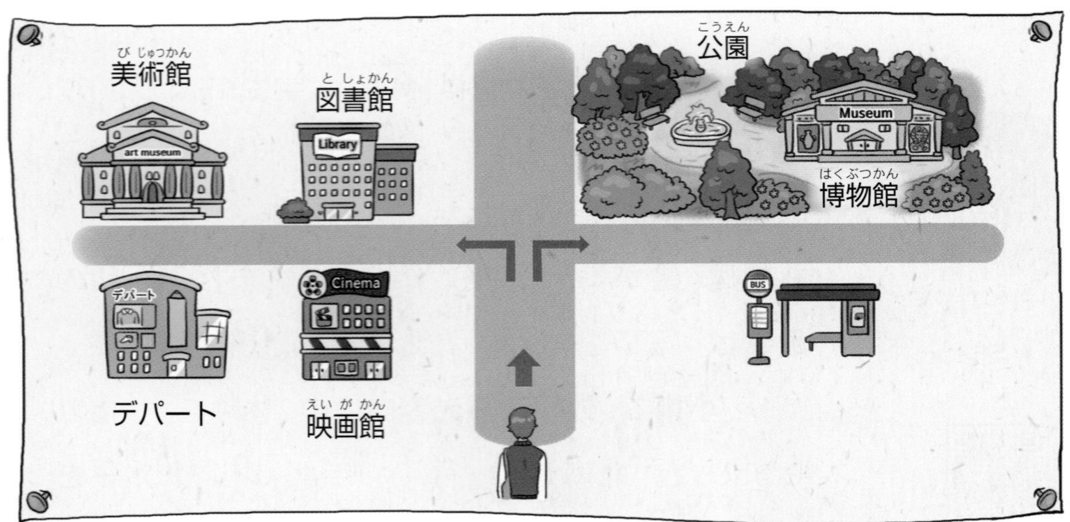

응용하기

① この 近(ちか)くに 映画館(えいがかん)は ありますか。 이 근처에 영화관이 있습니까?

② 公園(こうえん)までの 行(い)き方(かた)を 教(おし)えて ください。 공원까지 가는 방법을 가르쳐 주세요.

계획 묻기

TRACK 01-06

A 今度(こんど)の 週末(しゅうまつ)は 何(なに)を しますか。 이번 주말에는 무엇을 합니까?

B 週末(しゅうまつ)は 友達(ともだち)に 会(あ)う つもりです。 주말에는 친구를 만날 생각입니다.

A 友達(ともだち)に 会(あ)って 何(なに)を する 予定(よてい)ですか。

친구를 만나서 무엇을 할 예정입니까?

B ドライブに 行(い)ったり 映画(えいが)を 見(み)たり する つもりです。

드라이브 가거나 영화를 보거나 할 생각입니다.

✓Check 後輩(こうはい) 후배

週末(しゅうまつ)
明日(あした)
夏休(なつやす)み
お正月(しょうがつ)

同僚(どうりょう)
友達(ともだち)
先輩(せんぱい)
後輩(こうはい)

ドライブに 行(い)く

映画(えいが)を 見(み)る

買(か)い物(もの)に 行(い)く

料理(りょうり)を する

응용하기

① 週末(しゅうまつ)は 何(なに)か 予定(よてい)が ありますか。 주말에는 뭔가 예정이 있습니까?

② 映画(えいが)を 見(み)に 行(い)きたいんですが、一緒(いっしょ)に 行(い)きませんか。
영화를 보러 가고 싶습니다만, 같이 가지 않겠습니까?

허가&금지

TRACK 01-07

A すみません。ここで 写真(しゃしん)を 撮(と)っても いいですか。

실례합니다. 여기에서 사진을 찍어도 됩니까?

B いいえ、ここで 撮(と)っては いけません。

아니요, 여기에서 찍으면 안 됩니다.

A では、美術館(びじゅつかん)で 撮(と)っても いいですか。

그럼, 미술관에서 찍어도 됩니까?

B はい、撮(と)っても いいです。 네, 찍어도 됩니다.

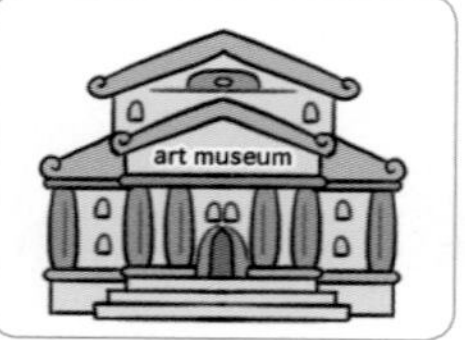

美術館(びじゅつかん)

レストラン

海(うみ)

教室(きょうしつ)

写真(しゃしん)を 撮(と)る

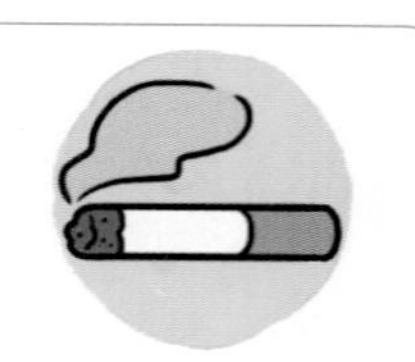

たばこを 吸(す)う

泳(およ)ぐ

勉強(べんきょう)する

응용하기

① ここで 泳(およ)いでも かまいませんか。 여기에서 수영해도 상관없습니까?

② ここで たばこを 吸(す)っては だめです。 여기에서 담배를 피워서는 안 됩니다.

バスに乗(の)らない方(ほう)がいいですね。

버스를 타지 않는 편이 좋겠네요.

이번 과의 문화는?

일본의 결혼식

일본의 결혼식에는 전통식과 현대식이 있습니다. 하객은 정장 차림을 하는 게 일반적이며 좌석이 정해져 있으므로 초대장을 받으면 참석 여부를 알려 줘야 합니다.

이번 과의 포인트는?

동사의 부정형과 ない형을 활용하여 자연스럽게 말할 수 있습니다.

해야 하는 일을 말할 수 있고 조언과 격려하는 표현으로 문자 메시지나 메일을 보낼 수 있습니다.

일본의 전통식 · 현대식 결혼 및 하객 복장, 초대장과 축의금 등 일본의 결혼식에 대해 알 수 있습니다.

TRACK 02-01

맛있는 회화

✲ 승준(スンジュン)과 리나(りな)가 고베에서 하는 회사 동료의 결혼식에 대해 이야기하고 있습니다.

スンジュン　青山(あおやま)さん、土曜日(どようび)は 道(みち)が 混(こ)むから バスに 乗(の)らない 方(ほう)が いいですね。

りな　そうですね。12時(じゅうにじ)までに 行(い)かなければ ならないので、遅(おく)れないで くださいね。

スンジュン　はい、わかりました。

「神戸(こうべ)ポートタワー」는 1963년에 건설된 전망용 타워로 독특한 외관은 고베항의 상징입니다.

낱말과 표현

道(みち) 길 | 混(こ)む 막히다, 붐비다 | ～から ~(이)니까 | バスに 乗(の)らない 方(ほう)が いいです 버스를 타지 않는 편이 좋습니다 | までに ~까지 | 行(い)かなければ ならない 가지 않으면 안 된다 | ～(な)ので ~(이)라서, ~(이)기 때문에 | 遅(おく)れないで ください 늦지 마세요 | わかりました 알겠습니다

TRACK 02-02

✻ 세영(セヨン)과 사토시(さとし)가 일본의 결혼식 영상을 보면서 복장에 대해 이야기하고 있습니다.

セヨン　田中さん、日本の 結婚式には 着物を 着なければ なりませんか。

さとし　いいえ、着なくても いいですよ。
でも、女の 人は 白い 服を 着ない 方が いいです。

낱말과 표현

結婚式 결혼식 | 着物 기모노 | 着なければ なりません 입지 않으면 안 됩니다 | 着なくても いいです 입지 않아도 됩니다 | でも 하지만, 그렇지만 | 女の 人 여자 | 白い 희다 | 服 옷 | 着ない 方が いいです 입지 않는 편이 좋습니다

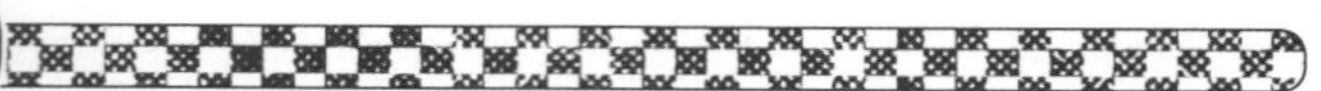

1 동사의 부정형

분류	기본형	부정형의 활용 방법	부정형 안 ~하다(합니다), ~지 않다(않습니다)
1그룹 동사	行(い)く 가다	u단 → a단 + ない(です) ★ う로 끝나는 동사는 「あ」가 아니라 「わ」로 바뀐다는 점에 주의!	行(い)かない(です)
	飲(の)む 마시다		飲(の)まない(です)
	買(か)う 사다		買(か)わない(です)
	待(ま)つ 기다리다		待(ま)たない(です)
	遊(あそ)ぶ 놀다		遊(あそ)ばない(です)
	話(はな)す 이야기하다		話(はな)さない(です)
	乗(の)る 타다		乗(の)らない(です)
	わかる 알다		わからない(です)
	★帰(かえ)る 돌아가(오)다	帰(かえ)る → 帰(かえ)らない	帰(かえ)らない(です)
	★入(はい)る 들어가(오)다	入(はい)る → 入(はい)らない	入(はい)らない(です)
2그룹 동사	見(み)る 보다	る + ない(です)	見(み)ない(です)
	起(お)きる 일어나다		起(お)きない(です)
	食(た)べる 먹다		食(た)べない(です)
	寝(ね)る 자다		寝(ね)ない(です)
	覚(おぼ)える 외우다		覚(おぼ)えない(です)
3그룹 동사	来(く)る 오다	필수 암기	来(こ)ない(です)
	する 하다		しない(です)

✔ Check 行(い)かないです = 行(い)きません 가지 않습니다

2 동사 ない형의 활용

~ないで ください ~하지 마세요	読(よ)まないで ください 읽지 마세요
~ない 方(ほう)が いいです ~하지 않는 편이 좋습니다	読(よ)まない 方(ほう)が いいです 읽지 않는 편이 좋습니다
~なければ ならない / なりません ~하지 않으면 안 된다 / 안 됩니다	読(よ)まなければ ならない / なりません 읽지 않으면 안 된다 / 안 됩니다
~なくても いいです ~하지 않아도 됩니다	読(よ)まなくても いいです 읽지 않아도 됩니다

3 ~ないで ください

~하지 마세요

- 今日(きょう)は 忘年会(ぼうねんかい)で お酒(さけ)を 飲(の)まないで ください。[飲(の)む]
- 美術館(びじゅつかん)の 中(なか)では 写真(しゃしん)を 撮(と)らないで ください。[撮(と)る]
- ドアを 閉(し)めないで ください。[閉(し)める]

今日(きょう) 오늘 | 忘年会(ぼうねんかい) 망년회 | お酒(さけ) 술 | 飲(の)む 마시다 | 美術館(びじゅつかん) 미술관 | 写真(しゃしん)を 撮(と)る 사진을 찍다 | ドア 문 | 閉(し)める 닫다

4 ～ない 方が いいです　~하지 않는 편이 좋습니다

・ここには 車を 止めない 方が いいです。[止める]

・芝生に 入らない 方が いいです。[入る]

・その 映像は 見ない 方が いいです。[見る]

5 ～なければ ならない　~하지 않으면 안 된다

・２５ページの 表現は 覚えなければ ならない。[覚える]

・一生懸命 勉強しなければ ならない。[勉強する]

・食後に 薬を 飲まなければ ならない。[飲む]

잠깐! TIP

'약을 먹다'의 표현

'약을 먹다'의 표현은 「食べる」가 아닌 「飲む」를 사용합니다.

★ 薬を 飲む (O)　薬を 食べる (X)

止める 세우다 | 芝生 잔디 | ～に 入る ~에 들어가다 | 映像 영상 | ページ 페이지 | 表現 표현 | 覚える 외우다, 기억하다 | 一生懸命 열심히 | 勉強 공부 | 食後 식후 | 薬を 飲む 약을 먹다

6 ~なければ なりません　~하지 않으면 안 됩니다

- 男(おとこ)の 人(ひと)は ネクタイを しめなければ なりません。[しめる]
- 月曜日(げつようび)は 9時(くじ)までに 来(こ)なければ なりません。[来(く)る]

7 ~なくても いいです　~하지 않아도 됩니다(좋습니다)

- 山田(やまだ)さんには 言(い)わなくても いいです。[言(い)う]
- 明日(あした)は 会議(かいぎ)に 参加(さんか)しなくても いいです。[参加(さんか)する]

8 ~までに　~까지

- 7時(しちじ)までに 発表会(はっぴょうかい)に 行(い)かなければ なりません。
- 小包(こづつみ)は 金曜日(きんようび)までに 到着(とうちゃく)しなければ なりません。

잠깐! TIP

「~まで」와 「~までに」의 차이

「~まで」는 '~할 때까지' 어떤 행위가 계속 진행될 때 쓰고, 「~までに」는 '(마감, 기한을 두고) ~할 때까지' 동작이 끝나는 것을 표현할 때 씁니다.

★ 9時(くじ)まで レポートを 書(か)きました。9시까지 리포트를 썼습니다.

★ 9時(くじ)までに レポートを 出(だ)して ください。9시까지 리포트를 내 주세요.

男(おとこ)の 人(ひと) 남자 | ネクタイ 넥타이 | しめる 매다 | 月曜日(げつようび) 월요일 | 言(い)う 말하다 | 会議(かいぎ) 회의 | 参加(さんか) 참석, 참가 | 発表会(はっぴょうかい) 발표회 | 小包(こづつみ) 소포 | 金曜日(きんようび) 금요일 | 到着(とうちゃく) 도착

맛있는 문장 연습

TRACK 02-03

▽ 다음 문장을 따라 말해 보세요.

1

a ここで 写真(しゃしん)を 撮(と)らないで ください。

여기에서 사진을 찍지 마세요.

b 明日(あした)は 遅(おく)れないで ください。

내일은 늦지 마세요.

2

a バスに 乗(の)らない 方(ほう)が いいです。

버스를 타지 않는 편이 좋습니다.

b たばこを 吸(す)わない 方(ほう)が いいです。

담배를 피우지 않는 편이 좋습니다.

3

a 1時(いちじ)までに 行(い)かなければ なりません。

1시까지 가지 않으면 안 됩니다.

b 一生懸命(いっしょうけんめい) 運動(うんどう)しなければ なりません。

열심히 운동하지 않으면 안 됩니다.

4

a スーツを 着(き)なくても いいです。

정장을 입지 않아도 됩니다.

b 英語(えいご)で 話(はな)さなくても いいです。

영어로 말하지 않아도 됩니다.

맛있는 회화 연습

TRACK 02-04

▽ 다음은 어떤 상황에 대한 대화 내용입니다. 예와 같이 자유롭게 대화해 보세요.

- 発表(はっぴょう)する
- 9時(くじ)までに 資料(しりょう)を 送(おく)る
- 遅(おく)れる

- 入院(にゅういん)する
- 簡単(かんたん)な 手術(しゅじゅつ)を する
- あまり 心配(しんぱい)する

- テストを 受(う)ける
- 英語(えいご)で インタビューを する
- 緊張(きんちょう)する

A 明日(あした)は 入院(にゅういん)しなくても いいですか。

B はい。でも、簡単(かんたん)な 手術(しゅじゅつ)を しなければ なりません。

A そうですか。あまり 心配(しんぱい)しないで くださいね。

発表(はっぴょう) 발표 | ～までに ~까지 | 資料(しりょう) 자료 | 送(おく)る 보내다 | 遅(おく)れる 늦다 | 入院(にゅういん) 입원 | 簡単(かんたん)だ 간단하다 | 手術(しゅじゅつ) 수술 | あまり 너무 | 心配(しんぱい) 걱정, 염려 | テストを 受(う)ける 시험을 보다 | 英語(えいご) 영어 | インタビュー 인터뷰 | 緊張(きんちょう) 긴장

맛있는 독해 연습

▽ 다음은 리나와 승준이 주고 받은 메시지입니다. 내용을 읽고 답해 보세요.

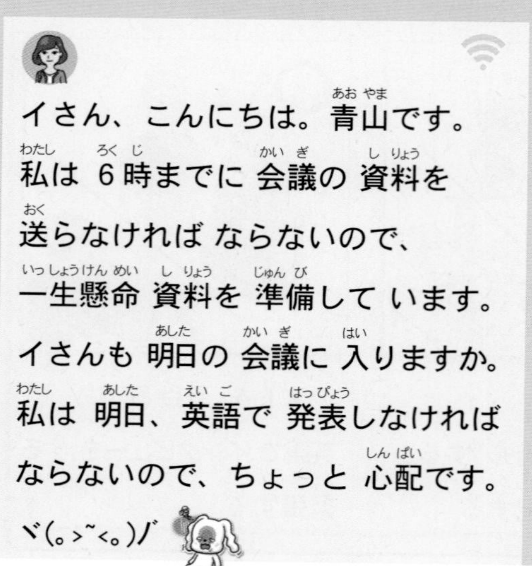

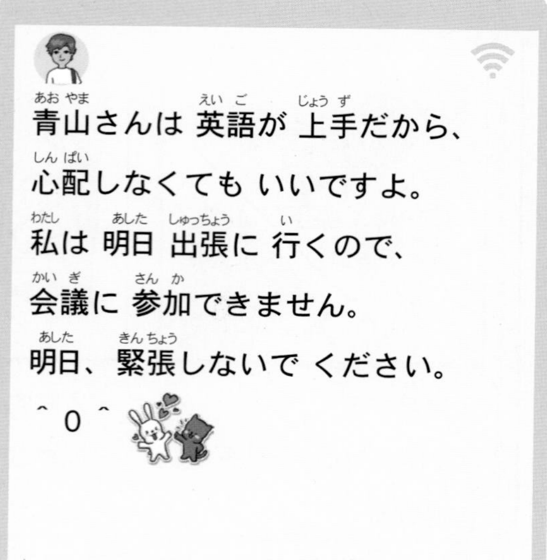

1　다음 밑줄 친 곳에 들어갈 알맞은 말을 쓰세요.

青山さんは 会議の 資料を 準備____________ なりません。

2　다음 ❶~❸ 중에서 가장 적절한 것을 하나 고르세요.

❶ 青山さんは 6時までに 資料を 送らなければ なりません。

❷ 青山さんは 明日、英語で 発表しなくても いいです。

❸ イさんは 明日、出張に 行かない 方が いいです。

会議(かいぎ) 회의 | 資料(しりょう) 자료 | 送(おく)る 보내다 | 一生懸命(いっしょうけんめい) 열심히 | 準備(じゅんび) 준비 | 英語(えいご) 영어 | 発表(はっぴょう) 발표 | 心配(しんぱい) 걱정 | 上手(じょうず)だ 잘하다 | 出張(しゅっちょう)に 行(い)く 출장 가다 | 参加(さんか) 참석, 참가 | 緊張(きんちょう) 긴장

맛있는 한자 연습

▽ 다음 한자와 히라가나를 써 보세요.

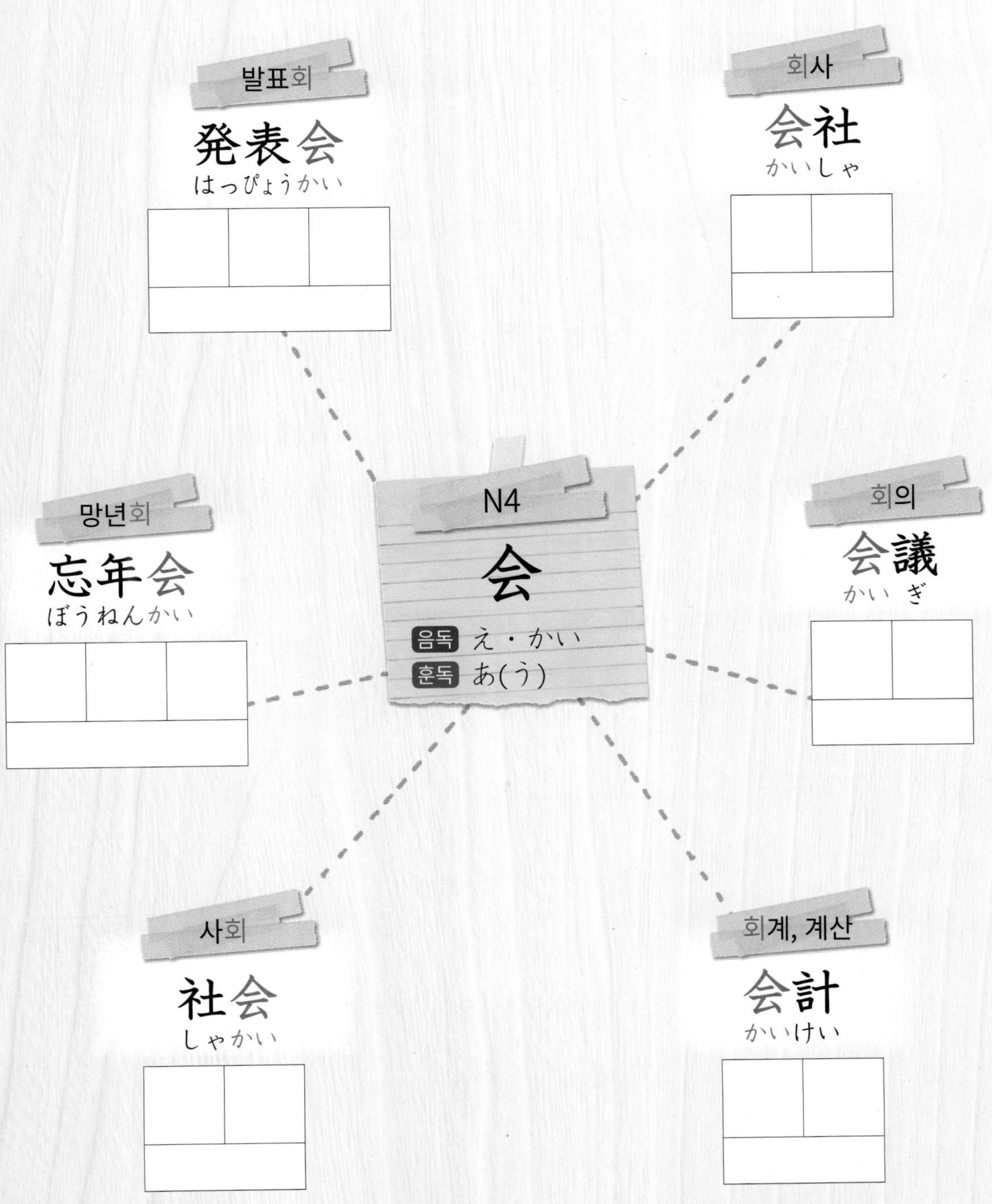

1 다음 한자의 발음을 히라가나로 써 보세요. 어휘

❶ 結婚式 ________________ ❷ 発表 ________________

❸ 男 ________________ ❹ 到着 ________________

2 다음 (1), (2)에 순서대로 들어갈 가장 알맞은 말을 ❶~❹ 중에서 하나 고르세요. 문법

> 8時(はちじ)(1)会社(かいしゃ)に 行(い)か(2)なりません。

❶ まで, なければ ❷ から, ないで

❸ までに, なければ ❹ までに, なくても

TRACK 02-05

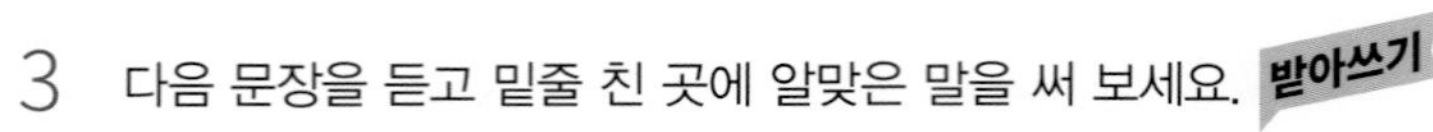

3 다음 문장을 듣고 밑줄 친 곳에 알맞은 말을 써 보세요. 받아쓰기

❶ 卒業式(そつぎょうしき)は １０時(じゅうじ)________ 行(い)かなければ ならない。

❷ この 音楽(おんがく)は ________ ________ ________。

❸ ここで たばこを ____________ ________。

TRACK 02-06

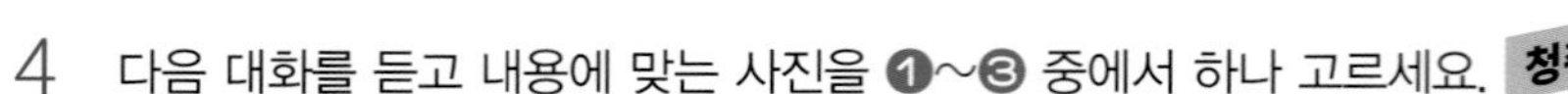

4 다음 대화를 듣고 내용에 맞는 사진을 ❶~❸ 중에서 하나 고르세요. 청취

❶ ❷  ❸ 

5 다음 ___★___에 들어갈 가장 알맞은 말을 ❶~❹ 중에서 하나 고르세요. 

A 明日(あした)は バスに 乗(の)らなければ なりませんか。

B ________ ________ ___★___ ________ いいです。

❶ 方(ほう)が　❷ 混(こ)むから　❸ 道(みち)が　❹ 乗(の)らない

6 다음 그림을 보고 예와 같이 써 보세요. 

예

薬(くすり)を 飲(の)む

A 薬(くすり)を 飲(の)まなければ なりませんか。

B1 はい、薬(くすり)を 飲(の)まなければ なりません。

B2 いいえ、薬(くすり)を 飲(の)まなくても いいです。

❶

朝(あさ) 早(はや)く 起(お)きる

A 朝(あさ) 早(はや)く 起(お)きなければ なりませんか。

B はい、________________ なりません。

❷

会議(かいぎ)の 準備(じゅんび)を する

A 会議(かいぎ)の 準備(じゅんび)を しなければ なりませんか。

B いいえ、________________ いいです。

눈으로 맘껏 즐기는 일본 문화

일본의 결혼식이 궁금해요

일본의 전통식 결혼

전통 혼례 때 신랑은 집안의 문장을 넣은 검은색 전통 의복인 몬츠키하오리하카마(紋つき羽織袴)를 입고, 신부는 흰색 기모노인 시로무쿠(白むく)를 걸치고 전통 가발 또는 올림머리에 배 모양의 츠노카쿠시(角隠し)를 씁니다.

일본의 현대식 결혼

일본에서 결혼식 형식은 신전결혼, 기독교식, 불교식 등 비교적 자유로운 편입니다. 피로연 후에는 '히키데모노(引出物)'라고 하는 결혼식 기념품을 돌립니다.

결혼식 하객 복장

남자는 검은색 양복에 흰 넥타이를 매고, 여자는 색상에 관계없이 정장 차림을 하면 되는데, 흰색과 너무 화려한 복장은 피하는 것이 예의입니다.

결혼식 초대장과 축의금

일본에서는 결혼식 날짜가 정해진 후 초대할 사람의 목록을 뽑아 초대장을 보내는데, 초대장에 있는 참석 여부에 대한 답장은 빨리 해 주는 것이 예의입니다. 또한 식사대와 기념품 값을 포함하여 약 3만 엔 정도의 축의금(お祝い金)을 내는 것이 일반적입니다.

遊(あそ)びに 行(い)けなく なりました。

놀러 갈 수 없게 되었습니다.

이번 과의 문화는?

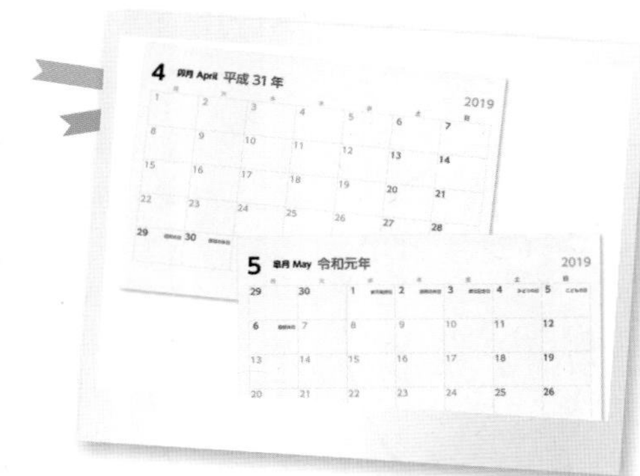

일본의 기념일 및 연중 행사

일본의 기념일에는 황금 연휴인 '골든위크'와 어머니의 날과 아버지의 날이 있습니다. 연중 행사에는 8월의 '오봉', 11월의 '시치고산'이 있습니다.

이번 과의 포인트는?

가능 동사의 부정형과 부정형의 과거형, 3인칭의 희망 표현을 활용하여 자연스럽게 말할 수 있습니다.

가까운 지인과 친구간에 사용되는 표현과 가능 여부를 말할 수 있습니다.

일본의 골든위크를 비롯한 일본의 기념일 및 연중 행사에 대해 알 수 있습니다.

맛있는 회화

TRACK 03-01

✻ 폴(ポール)이 가고시마에 갈 수 없는 상황에 대해 그레이스(グレース)와 이야기하고 있습니다.

ポール 今度(こんど)の お盆休(ぼんやす)みは 鹿児島(かごしま)へ 遊(あそ)びに 行(い)けなく なりました。

グレース え～、どうしてですか。

ポール 海外出張(かいがいしゅっちょう)に 行(い)かなければ ならないんです。友達(ともだち)も 一緒(いっしょ)に 行(い)きたがって いたんですが。

グレース 本当(ほんとう)に 残念(ざんねん)ですね。

「桜島(さくらじま)」는 가고시마현 북부에 있는 화산섬으로 미나미다케산은 현재도 활동을 계속하는 활화산입니다.

낱말과 표현

今度(こんど) 이번 | お盆休(ぼんやす)み 오봉(양력 8월 13~15일의 일본 명절) | 鹿児島(かごしま) 가고시마(규슈 지방의 도시) | 遊(あそ)びに 行(い)けなく なりました 놀러 갈 수 없게 되었습니다 | どうして 왜, 어째서 | 海外出張(かいがいしゅっちょう) 해외 출장 | 行(い)かなければ ならないんです 가지 않으면 안 되거든요 | 行(い)きたがって いたんです 가고 싶어 하고 있었는데요 | 残念(ざんねん) 유감, 아쉬움

TRACK 03-02

✲ 민지(ミンジ)가 사토시(さとし)에게 골든위크 축제에 함께 가자고 이야기하고 있습니다.

ミンジ　お祭(まつ)りに 行(い)く つもりなんだけど、一緒(いっしょ)に 行(い)かない？

さとし　うん。でも、連休(れんきゅう)だから 人(ひと)が 多(おお)いかも しれないね。

去年(きょねん)も 人(ひと)が 多(おお)くて 電車(でんしゃ)に 乗(の)れなかったし、

満員(まんいん)で 3本(さんぼん)も 電車(でんしゃ)を 見送(みおく)ったよ。

ミンジ　え～、本当(ほんとう)に？ 信(しん)じられない。

낱말과 표현

お祭(まつ)り 축제 | つもり 생각, 예정 | ～なんだけど ~(인)데 | 行(い)かない? 가지 않을래? | でも 하지만 | 連休(れんきゅう)だから 연휴라서 | 多(おお)いかも しれない 많을지도 몰라 | 去年(きょねん) 작년 | 多(おお)くて (사람이) 많아서 | 電車(でんしゃ) 전철 | 乗(の)れなかった 탈 수 없었다 | 満員(まんいん) 만원 | 3本(さんぼん) 3대 | ～も ~(이)나 | 見送(みおく)った 보냈다 | 信(しん)じられない 믿을 수 없어

1 가능 동사의 부정형

분류	기본형		가능 동사 부정형의 활용 방법	가능 동사의 부정형 ~할 수 없다(없습니다)
1그룹 동사	行く(い)	가다	u단 → e단 + ない(です)	行(い)けない(です)
	飲む(の)	마시다		飲(の)めない(です)
	買う(か)	사다		買(か)えない(です)
	待つ(ま)	기다리다		待(ま)てない(です)
	遊ぶ(あそ)	놀다		遊(あそ)べない(です)
	話す(はな)	이야기하다		話(はな)せない(です)
	乗る(の)	타다		乗(の)れない(です)
	★帰る(かえ)	돌아가(오)다	帰(かえ)る → 帰(かえ)れない	帰(かえ)れない(です)
	★入る(はい)	들어가(오)다	入(はい)る → 入(はい)れない	入(はい)れない(です)
2그룹 동사	見る(み)	보다	る + られない(です)	見(み)られない(です)
	起きる(お)	일어나다		起(お)きられない(です)
	食べる(た)	먹다		食(た)べられない(です)
	寝る(ね)	자다		寝(ね)られない(です)
	覚える(おぼ)	외우다		覚(おぼ)えられない(です)
3그룹 동사	来る(く)	오다	필수 암기	来(こ)られない(です)
	する	하다		できない(です)

✔ Check 行(い)けないです = 行(い)けません 갈 수 없습니다

2 가능 동사 부정형의 과거형

- キムさんの 話(はなし)は 信(しん)じられなかった。[信(しん)じる]
- 会社(かいしゃ)が 忙(いそが)しくて 郵便局(ゆうびんきょく)に 行(い)けなかった。[行(い)く]
- 海外旅行(かいがいりょこう)で 学校(がっこう)へ 来(こ)られなかったです。[来(く)る]

3 ~かも しれない / しれません ~일지도 모른다 / 모릅니다

종류	접속 방법	예
명사	명사 + かも しれません	外国人(がいこくじん)かも しれません 외국인일지도 모릅니다
な형용사	~だ + かも しれません	必要(ひつよう)かも しれません 필요할지도 모릅니다
い형용사	~い + かも しれません	量(りょう)が 少(すく)ないかも しれません 양이 적을지도 모릅니다
동사	기본형 + かも しれません	宿題(しゅくだい)が あるかも しれません 숙제가 있을지도 모릅니다

- 来週(らいしゅう)の 火曜日(かようび)が 青木(あおき)さんの 入学式(にゅうがくしき)かも しれません。[入学式(にゅうがくしき)]
- あの 選手(せんしゅ)は 海外(かいがい)で もっと 有名(ゆうめい)かも しれません。[有名(ゆうめい)だ]

話(はなし) 이야기 | 信(しん)じる 믿다 | 忙(いそが)しい 바쁘다 | 郵便局(ゆうびんきょく) 우체국 | 学校(がっこう) 학교 | 入学式(にゅうがくしき) 입학식 | 選手(せんしゅ) 선수 | 海外(かいがい) 해외 | もっと 더, 좀 더

・ゴールデンウィークなので 人(ひと)が 多(おお)いかも しれません。[多(おお)い]

・イさんは 来月(らいげつ) 就職(しゅうしょく)するかも しれません。[就職(しゅうしょく)する]

4 ～たがる ~하고 싶어 하다

1인칭・2인칭	～たい ~하고 싶다 ～たいです ~하고 싶습니다	3인칭 (제3자)	～たがる ~하고 싶어 하다 ～たがって います ~하고 싶어 합니다
買(か)いたい 사고 싶다 買(か)いたいです 사고 싶습니다		買(か)いたがる 사고 싶어 하다 買(か)いたがって います 사고 싶어 합니다	
食(た)べたい 먹고 싶다 食(た)べたいです 먹고 싶습니다		食(た)べたがる 먹고 싶어 하다 食(た)べたがって います 먹고 싶어 합니다	
留学(りゅうがく)したい 유학하고 싶다 留学(りゅうがく)したいです 유학하고 싶습니다		留学(りゅうがく)したがる 유학하고 싶어 하다 留学(りゅうがく)したがって います 유학하고 싶어 합니다	

・弟(おとうと)は 物理学科(ぶつりがっか)に 行(い)きたがって います。[行(い)く]

・友達(ともだち)は 新(あたら)しい スマホを 変(か)えたがって います。[変(か)える]

・佐藤(さとう)さんは 先生(せんせい)と 相談(そうだん)したがって います。[相談(そうだん)する]

ゴールデンウィーク 골든위크 | 来月(らいげつ) 다음 달 | 就職(しゅうしょく) 취직 | 弟(おとうと) 남동생 | 物理学科(ぶつりがっか) 물리학과 | 新(あたら)しい 새롭다 | スマホ 스마트폰 | 変(か)える 바꾸다 | 相談(そうだん) 상담

5 ～んです

~(이)에요, ~(이)거든요
★이유, 설명 등을 나타내는 회화체 표현

종류	현재형 / 과거형	부정형 / 과거 부정형
명사	学生(がくせい)なんです 学生(がくせい)だったんです	学生(がくせい)じゃ ないんです 学生(がくせい)じゃ なかったんです
	記念日(きねんび)なんです 記念日(きねんび)だったんです	記念日(きねんび)じゃ ないんです 記念日(きねんび)じゃ なかったんです
	合格(ごうかく)なんです 合格(ごうかく)だったんです	合格(ごうかく)じゃ ないんです 合格(ごうかく)じゃ なかったんです
な형용사	大事(だいじ)なんです 大事(だいじ)だったんです	大事(だいじ)じゃ ないんです 大事(だいじ)じゃ なかったんです
	便利(べんり)なんです 便利(べんり)だったんです	便利(べんり)じゃ ないんです 便利(べんり)じゃ なかったんです
い형용사	多(おお)いんです 多(おお)かったんです	多(おお)く ないんです 多(おお)く なかったんです
	忙(いそが)しいんです 忙(いそが)しかったんです	忙(いそが)しく ないんです 忙(いそが)しく なかったんです
동사	行(い)くんです 行(い)ったんです	行(い)かないんです 行(い)かなかったんです
	選(えら)ぶんです 選(えら)んだんです	選(えら)ばないんです 選(えら)ばなかったんです
	掃除(そうじ)するんです 掃除(そうじ)したんです	掃除(そうじ)しないんです 掃除(そうじ)しなかったんです

記念日(きねんび) 기념일 | 合格(ごうかく) 합격 | 大事(だいじ)だ 중요하다 | 便利(べんり)だ 편리하다 | 多(おお)い 많다 | 忙(いそが)しい 바쁘다 | 行(い)く 가다 | 選(えら)ぶ 선택하다 | 掃除(そうじ)する 청소하다

맛있는 문장 연습

TRACK 03-03

▽ 다음 문장을 따라 말해 보세요.

1

a 漢字(かんじ)が 読(よ)めない。

한자를 읽을 수 없다.

b 野菜(やさい)は あまり 食(た)べられない。

채소는 그다지 먹을 수 없다.

2

a 出張(しゅっちょう)に 行(い)けないかも しれない。

출장 갈 수 없을지도 모른다.

b 明日(あした)は 雨(あめ)が 降(ふ)るかも しれません。

내일은 비가 올지도 모릅니다.

3

a 友達(ともだち)も 水泳(すいえい)を 習(なら)いたがって います。

친구도 수영을 배우고 싶어 합니다.

b 弟(おとうと)も 一緒(いっしょ)に 行(い)きたがって います。

남동생도 같이 가고 싶어 합니다.

4

a 中国語(ちゅうごくご)は 全然(ぜんぜん) 話(はな)せないんです。

중국어는 전혀 말할 수 없거든요.

b 明日(あした)は 会議(かいぎ)に 参加(さんか)できないんです。

내일은 회의에 참석할 수 없거든요.

맛있는 회화 연습

TRACK 03-04

▽ 다음은 어떤 상황에 대한 대화 내용입니다. 예와 같이 자유롭게 대화해 보세요.

A 明日(あした)は パーティーに 行(い)けないかも しれません。

B どうしてですか。

A 明日(あした)は 残業(ざんぎょう)を しなければ ならないんです。

B そうですか。残念(ざんねん)ですね。

グレースさんも 一緒(いっしょ)に 行(い)きたがって いたんですが。

セミナー 세미나 | 参加(さんか) 참석, 참가 | 出張(しゅっちょう)に 行(い)く 출장 가다 | 課長(かちょう) 과장 | パーティー 파티 | 残業(ざんぎょう) 야근, 잔업 | 食事(しょくじ) 식사 | 論文(ろんぶん) 논문 | 学生(がくせい)たち 학생들 | 面接(めんせつ)を 受(う)ける 면접을 보다 | 行(い)きたがる 가고 싶어 하다

맛있는 독해 연습

▽ 다음은 유학센터 수업 시간에 쓴 자기소개 카드입니다. 내용을 읽고 답해 보세요.

出身(しゅっしん)	韓国(かんこく)
食(た)べられないもの	納豆(なっとう)
水泳(すいえい)	少(すこ)し 泳(およ)げる
漢字(かんじ)	少(すこ)し 読(よ)める
国際運転(こくさいうんてん)	できない

出身(しゅっしん)	アメリカ
食(た)べられないもの	辛(から)い 料理(りょうり)
水泳(すいえい)	泳(およ)げる
漢字(かんじ)	全然(ぜんぜん) 読(よ)めない
国際運転(こくさいうんてん)	できる

出身(しゅっしん)	フランス
食(た)べられないもの	わさび
水泳(すいえい)	全然(ぜんぜん) 泳(およ)げない
漢字(かんじ)	すこし 読(よ)める
国際運転(こくさいうんてん)	できる

1 다음 밑줄 친 곳에 들어갈 알맞은 말을 쓰세요.

Bさんと Cさんは 国際運転(こくさいうんてん)が ＿＿＿＿＿＿ 。

2 다음 ❶~❸ 중에서 가장 적절한 것을 하나 고르세요.

❶ Aさんと Bさんは 全然(ぜんぜん) 泳(およ)げないです。

❷ アメリカから 来(き)た Cさんは 漢字(かんじ)が すこし 読(よ)めます。

❸ Bさんは 辛(から)い 料理(りょうり)が 食(た)べられないです。

出身(しゅっしん) 출신 | 食(た)べる 먹다 | もの 것, 물건 | 水泳(すいえい) 수영 | 漢字(かんじ) 한자 | 国際運転(こくさいうんてん) 국제 운전 | 納豆(なっとう) 낫토(콩을 발효시킨 일본 음식) | 少(すこ)し 조금, 약간 | 泳(およ)ぐ 수영하다 | 読(よ)む 읽다 | できる 할 수 있다 | アメリカ 미국 | 辛(から)い 맵다 | 全然(ぜんぜん) 전혀 | フランス 프랑스 | わさび 와사비(일본식 고추냉이)

맛있는 한자 연습

▽ 다음 한자와 히라가나를 써 보세요.

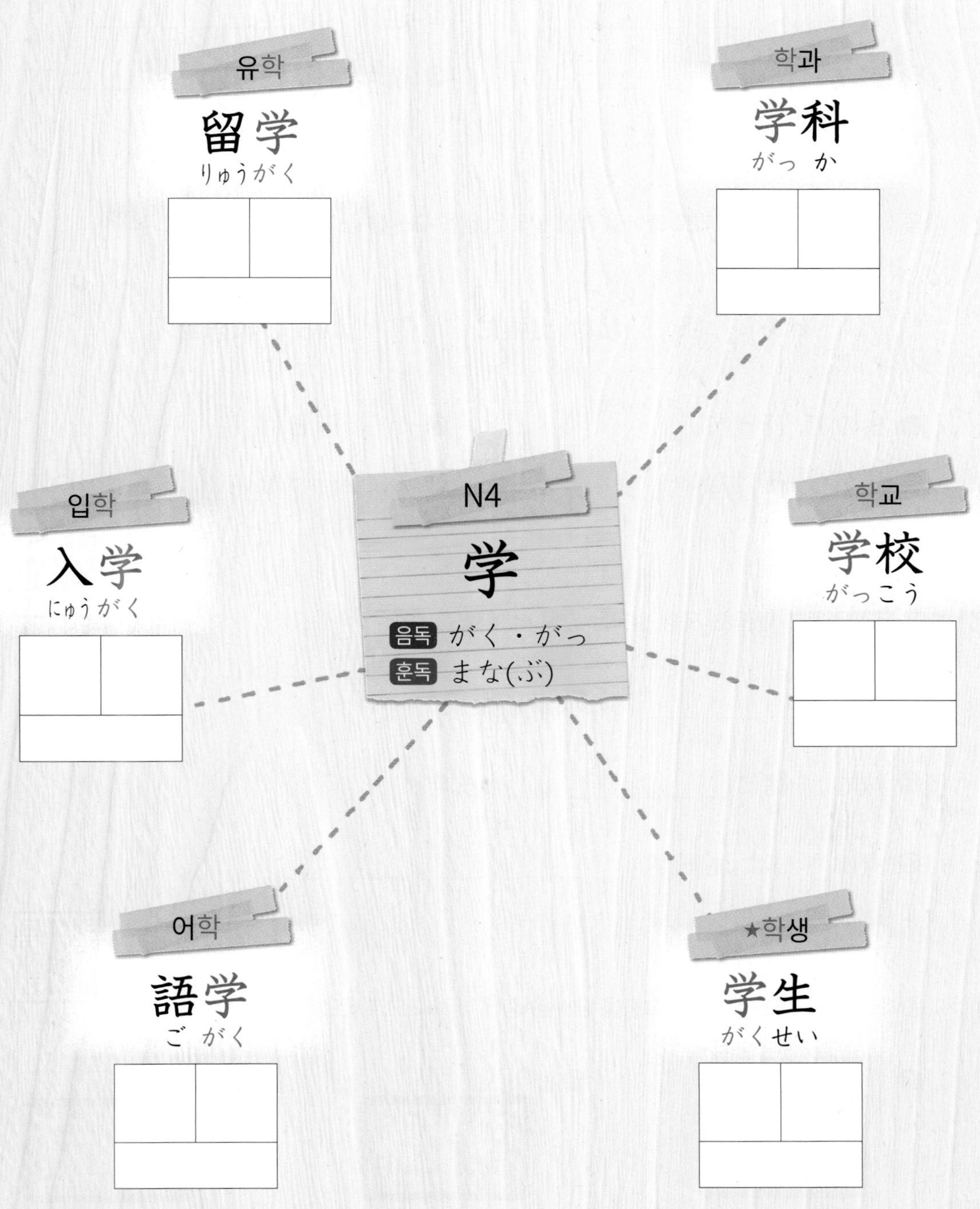

맛있는 확인 문제

1 다음 한자의 발음을 히라가나로 써 보세요. 어휘

❶ 去年 ______________ ❷ 連休 ______________

❸ 野菜 ______________ ❹ 留学 ______________

2 다음 (1), (2)에 순서대로 들어갈 가장 알맞은 말을 ❶~❹ 중에서 하나 고르세요. 문법 

休(やす)み(　1　) 私(わたし)は 出張(しゅっちょう)に(　2　)かも しれません。

❶ なので, 行(い)って ❷ から, 行(い)き

❸ だから, 行(い)けない ❹ ので, 行(い)けない

TRACK 03-05

3 다음 문장을 듣고 밑줄 친 곳에 알맞은 말을 써 보세요. 받아쓰기

❶ 人(ひと)が ____________ 入(はい)れなかったよ。

❷ 妹(いもうと)も 一緒(いっしょ)に ______________ います。

❸ 青山(あおやま)さんは 運転(うんてん)が ______________ ____________ 。

TRACK 03-06

4 다음 대화를 듣고 내용에 맞는 그림을 ❶~❸ 중에서 하나 고르세요. 청취

❶ 

❷ 

❸ 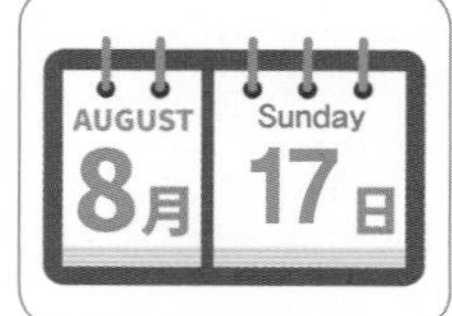

5 다음 ___★___에 들어갈 가장 알맞은 말을 ❶~❹ 중에서 하나 고르세요. 

A 今度(こんど)の 週末(しゅうまつ)は 海(うみ)へ 遊(あそ)びに 行(い)きますか。

B ______、___★___ ______ ______ なりました。

❶ 海外出張(かいがいしゅっちょう)が　❷ 行(い)けなく　❸ いいえ　❹ あるので

6 다음 그림을 보고 예와 같이 써 보세요. 

예

参加(さんか)する

A 今度(こんど)の お祭(まつ)りに 参加(さんか)できますか。

B いいえ、参加(さんか)できないです。

❶

弾(ひ)く

A 佐藤(さとう)さんは ピアノが 弾(ひ)けますか。

B いいえ、________________。

❷

覚(おぼ)える

A 明日(あした)までに 漢字(かんじ)が 覚(おぼ)えられますか。

B いいえ、________________。

눈으로 맘껏 즐기는 일본 문화

일본의 기념일 및 연중 행사가 궁금해요

골든위크(ゴールデンウィーク)

일본은 4월 29일부터 5월 초에 걸쳐 약 일주일간의 긴 연휴가 있는데, 이를 '골든위크(ゴールデンウィーク)'라고 합니다. 4월 29일 쇼와의 날(昭和の日)과 5월 3일 헌법기념일(憲法記念日), 5월 4일 숲의 날(みどりの日), 5월 5일 어린이날(こどもの日)의 3일 연휴가 있고, 여기에 주말이 겹쳐져 대형 연휴가 됩니다.

어머니의 날 / 아버지의 날(母の日 / 父の日)

일본은 어버이날이 한날로 지정되어 있지 않고, 어머니의 날(母の日, 5월 둘째 주 일요일)과 아버지의 날(父の日, 6월 셋째 주 일요일)로 나뉘어져 있습니다.

오봉(お盆)

매년 양력 8월 15일을 중심으로 치러지는 명절로, 오쇼가츠(お正月)와 함께 일본 최대의 명절입니다. '오봉야스미(お盆休み)'라 불리는 긴 연휴를 즐기며 오늘날 오봉은 축제 같은 명절로 자리잡았습니다.

시치고산(七五三)

남자아이는 3살, 5살, 여자아이는 3살, 7살이 되는 해의 11월 15일에 신사에 가서 아이들이 건강하게 잘 자란 것에 대한 감사를 표하고, 앞날의 행복을 기원하는 행사입니다. 천 년 동안 장수를 누리라는 의미로 '치토세아메(千歳飴)'라는 엿을 사 줍니다.

04

お花見(はなみ)に 行(い)こうと 思(おも)って います。

꽃구경하러 가려고 합니다.

이번 과의 문화는?

일본의 우동 종류 및 젓가락 예절

일본의 대표적인 면 요리인 우동은 고명과 먹는 방법에 따라 그 종류가 매우 다양합니다. 금기시하는 젓가락 예절이 있으니 식사 시 주의해야 합니다.

이번 과의 포인트는?

Study

동사의 의지형과 「～と思(おも)います」, 「동사 ます형 + 始(はじ)める/続(つづ)く」를 활용하여 자연스럽게 말할 수 있습니다.

Training

홍보 포스터를 보며 친구에게 권유할 수 있고 만나는 약속을 정할 수 있습니다.

Culture

일본의 우동 종류 및 일본에서 금기시하는 젓가락 예절에 대해 알 수 있습니다.

맛있는 회화

TRACK 04-01

✲ 세영(セヨン)과 사토시(さとし)가 벚꽃을 보며 서로의 계획에 대해 이야기하고 있습니다.

セヨン 桜(さくら)が 咲(さ)き始(はじ)めました。
私(わたし)は 午後(ごご)から 友達(ともだち)と お花見(はなみ)に 行(い)こうと 思(おも)って います。

さとし うらやましいですね。僕(ぼく)は 試験(しけん)が あるので、
一生懸命(いっしょうけんめい) 勉強(べんきょう)しようと 思(おも)います。

낱말과 표현

桜(さくら) 벚꽃 | 咲(さ)き始(はじ)めました 피기 시작했습니다 | 午後(ごご) 오후 | 友達(ともだち) 친구 | お花見(はなみ) 꽃구경 | 行(い)こうと 思(おも)って います 가려고 합니다 | うらやましい 부럽다 | 僕(ぼく) 나(남자들이 주로 씀) | 試験(しけん) 시험 | ～(な)ので ~(이)라서, ~(이)기 때문에 | 一生懸命(いっしょうけんめい) 열심히 | 勉強(べんきょう)しようと 思(おも)います 공부하려고 합니다

TRACK 04-02

✲ 다카마츠 우동 버스 투어를 예약해 놓은 그레이스(グレース)가 비가 계속 내려서 걱정하고 있습니다.

グレース　明日は うどんバスツアーに 参加しようと 思って いますが、ずっと 雨が 降り続いて いますね。

ポール　でも、バスで 行くから 心配しないで ください。

グレース　そうですか。
明日は 8時 出発だから 早く 寝ようと 思います。

「高松」가 있는 가가와현은 사누키 우동의 본고장으로 유명하고, '우동 버스'라는 투어 상품을 운영하고 있습니다.

낱말과 표현

バスツアー 버스 투어 | 参加しようと 思って います 참가하려고 합니다 | ずっと 쭉, 계속 | 雨 비 | 降り続いて います 계속 내리고 있습니다 | 行くから 가니까 | 心配しないで ください 걱정하지 마세요 | 出発だから 출발이니까 | 早く 일찍, 빨리 | 寝ようと 思います 자려고 합니다

1 동사의 의지형・권유형

분류	기본형	의지형・권유형의 활용 방법	의지형・권유형 ~해야지, ~하자
1그룹 동사	行(い)く 가다	u단 → o단 + う	行(い)こう
	飲(の)む 마시다		飲(の)もう
	買(か)う 사다		買(か)おう
	待(ま)つ 기다리다		待(ま)とう
	遊(あそ)ぶ 놀다		遊(あそ)ぼう
	話(はな)す 이야기하다		話(はな)そう
	乗(の)る 타다		乗(の)ろう
	★帰(かえ)る 돌아가(오)다	帰(かえ)る → 帰(かえ)ろう	帰(かえ)ろう
	★入(はい)る 들어가(오)다	入(はい)る → 入(はい)ろう	入(はい)ろう
2그룹 동사	見(み)る 보다	る + よう	見(み)よう
	起(お)きる 일어나다		起(お)きよう
	食(た)べる 먹다		食(た)べよう
	寝(ね)る 자다		寝(ね)よう
	教(おし)える 가르치다		教(おし)えよう
	覚(おぼ)える 외우다		覚(おぼ)えよう
3그룹 동사	来(く)る 오다	필수 암기	来(こ)よう
	する 하다		しよう

2 동사의 의지형 + と 思(おも)います / 思(おも)って います ~하려고 합니다

- 明日(あした)は 朝(あさ) 早(はや)く 起(お)きようと 思(おも)います。[起(お)きる]
- 私(わたし)は 9月(くがつ)から 就職活動(しゅうしょくかつどう)の 準備(じゅんび)を しようと 思(おも)います。[する]
- 銀行(ぎんこう)に 行(い)って こようと 思(おも)って います。[行(い)って くる]

3 동사 ます형 + 始(はじ)める ~하기 시작하다

- 3月中旬(さんがつちゅうじゅん)から 桜(さくら)が 咲(さ)き始(はじ)めました。[咲(さ)く]
- 子供(こども)が 急(きゅう)に 泣(な)き始(はじ)めました。[泣(な)く]
- 来週(らいしゅう)から テニスを 習(なら)い始(はじ)めます。[習(なら)う]

朝(あさ) 아침 | 早(はや)く 일찍, 빨리 | 就職活動(しゅうしょくかつどう) 취직 활동 | 準備(じゅんび) 준비 | 銀行(ぎんこう) 은행 | 中旬(ちゅうじゅん) 중순 | 桜(さくら) 벚꽃 | 咲(さ)く (꽃이) 피다 | 子供(こども) 어린이, 아이 | 急(きゅう)に 갑자기 | 泣(な)く 울다 | 来週(らいしゅう) 다음 주 | テニス 테니스 | 習(なら)う 배우다

4 동사 ます형 + 続く(つづく)　계속(해서) ~하다

・昨日(きのう)から 雨(あめ)が 降(ふ)り続(つづ)いて いますね。[降(ふ)る]

・朝(あさ)から 雪(ゆき)が 降(ふ)り続(つづ)いて います。[降(ふ)る]

・夜(よる)から 風(かぜ)が 吹(ふ)き続(つづ)いて います。[吹(ふ)く]

잠깐! TIP

「続(つづ)く」의 활용

「동사 ます형＋続(つづ)く」의 활용 외에도 「続(つづ)く」 동사를 활용하여 문장을 표현할 수 있습니다.

★ 道(みち)が 遠(とお)くまで 続(つづ)いて いる。 길이 멀리까지 이어져 있다.

★ 連休(れんきゅう)が 5日(いつか)も 続(つづ)きます。 연휴가 5일이나 계속됩니다.

5 ずっと　쭉, 계속

・一日中(いちにちじゅう) ずっと 雪(ゆき)が 降(ふ)って いますね。

・車(くるま)の 中(なか)で ずっと 寝(ね)て いました。

・いつまでも ずっと 君(きみ)の そばに いるよ。

잠깐! TIP

「ずっと」의 다른 뜻

★ この 製品(せいひん)は 私(わたし)のより ずっと 高(たか)いです。
이 제품은 내 것보다 훨씬 비쌉니다.

雨(あめ) 비 | 降(ふ)る 내리다 | 雪(ゆき) 눈 | 吹(ふ)く 불다 | 遠(とお)く 먼 곳 | 一日中(いちにちじゅう) 하루 종일 | 車(くるま) 차 | 寝(ね)る 자다 | 君(きみ) 당신 | そば 옆 | 製品(せいひん) 제품

동사의 의지형과 권유형

▽ 다음 예와 같이 동사의 의지형과 권유형을 써 보세요.

小説(しょうせつ)を 読(よ)む

→ 小説(しょうせつ)を (読もう)。

小説(しょうせつ)を (読もう)と 思(おも)います。

• 小説(しょうせつ) 소설

1

新(あたら)しい 携帯電話(けいたいでんわ)を 買(か)う

→ 新(あたら)しい 携帯電話(けいたいでんわ)を (　　　　　　)。

新(あたら)しい 携帯電話(けいたいでんわ)を (　　　　　　)と 思(おも)います。

• 新(あたら)しい 새롭다 | 携帯電話(けいたいでんわ) 휴대폰

2

すき焼(や)きを 食(た)べる

→ すき焼(や)きを (　　　　　　)。

すき焼(や)きを (　　　　　　)と 思(おも)います。

3

貯蓄(ちょちく)を する

→ 貯蓄(ちょちく)を (　　　　　　)。

貯蓄(ちょちく)を (　　　　　　)と 思(おも)います。

• 貯蓄(ちょちく) 저축

정답

1 買(か)おう・買(か)おう　2 食(た)べよう・食(た)べよう　3 しよう・しよう

맛있는 문장 연습

TRACK 04-03

▽ 다음 문장을 따라 말해 보세요.

1

a 地下鉄(ちかてつ)で 行(い)こう。 — 지하철로 가자.

b もう 一度(いちど) 考(かんが)えて みよう。 — 다시 한번 생각해 봐야지(생각해 보자).

2

a 来月(らいげつ)から 日本(にほん)で 生活(せいかつ)しようと 思(おも)います。 — 다음 달부터 일본에서 생활하려고 합니다.

b １０時(じゅうじ)に 友達(ともだち)に 会(あ)おうと 思(おも)います。 — 10시에 친구를 만나려고 합니다.

3

a 一生懸命(いっしょうけんめい) ダイエットしようと 思(おも)って います。 — 열심히 다이어트하려고 합니다.

b 早(はや)く 家(いえ)に 帰(かえ)ろうと 思(おも)って います。 — 빨리 집에 돌아가려고 합니다.

4

a 雨(あめ)が 降(ふ)り始(はじ)めました。 — 비가 내리기 시작했습니다.

b 雨(あめ)が ずっと 降(ふ)り続(つづ)いて います。 — 비가 쭉 계속 내리고 있습니다.

맛있는 회화 연습

TRACK 04-04

▽ 다음은 어떤 상황에 대한 대화 내용입니다. 예와 같이 자유롭게 대화해 보세요.

- 青木(あおき)さんと 付(つ)き合(あ)う
- 今日(きょう) 映画(えいが)を 見(み)る
- 友達(ともだち)に 会(あ)って フランス料理(りょうり)を 食(た)べる

- 花(はな)が 咲(さ)く
- 公園(こうえん)に 行(い)って 写真(しゃしん)を 撮(と)る
- 田中先輩(たなかせんぱい)と 美術館(びじゅつかん)へ 行(い)く

- 雨(あめ)が 降(ふ)る
- 早(はや)く 家(いえ)に 帰(かえ)る
- 会議(かいぎ)が あるので 会社(かいしゃ)に 戻(もど)る

A 花(はな)が 咲(さ)き始(はじ)めました。

それで、公園(こうえん)に 行(い)って 写真(しゃしん)を 撮(と)ろうと 思(おも)います。

今日(きょう)、何(なに)を する つもりですか。

B 私(わたし)は 田中先輩(たなかせんぱい)と 美術館(びじゅつかん)へ 行(い)こうと 思(おも)います。

付(つ)き合(あ)う 사귀다, 교제하다 | 映画(えいが) 영화 | フランス 프랑스 | 花(はな) 꽃 | 咲(さ)く 피다 | 公園(こうえん) 공원 | 写真(しゃしん)を 撮(と)る 사진을 찍다 | 先輩(せんぱい) 선배 | 美術館(びじゅつかん) 미술관 | 会議(かいぎ) 회의 | 戻(もど)る 돌아가다

맛있는 독해 연습

▽ 다음은 세영이가 친구에게 보낸 메시지입니다. 내용을 읽고 답해 보세요.

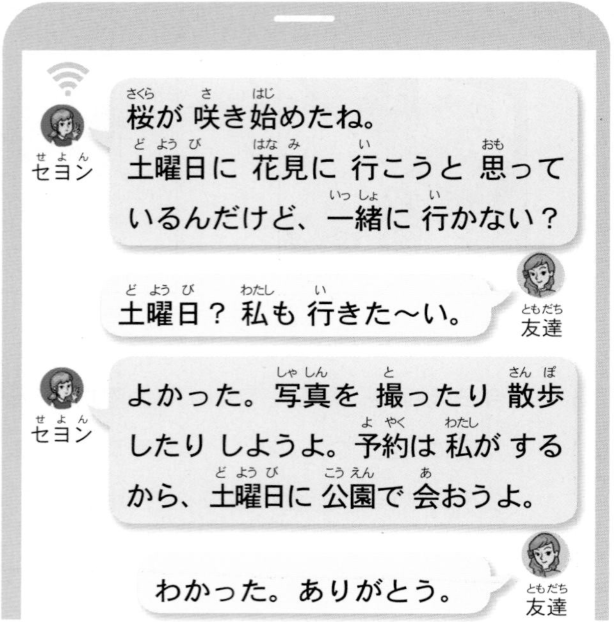

1　다음 밑줄 친 곳에 들어갈 알맞은 말을 쓰세요.

セヨンさんは 土曜日に 花見に ＿＿＿＿＿＿と 思って います。

2　다음 ❶~❸ 중에서 가장 적절한 것을 하나 고르세요.

❶ セヨンさんと 友達は 土曜日の 花祭りに 行けないです。

❷ セヨンさんは 公園で 散歩したり 桜の 写真を 撮る つもりです。

❸ セヨンさんと 友達は 花見の チケットを 持って います。

春 봄 | 花祭り 꽃 축제 | 今年 올해 | 桜 벚꽃 | ～んだけど ~인데 | 散歩 산책 | 予約 예약 | 行けない 갈 수 없다 | つもり 생각, 예정 | チケット 티켓, 표

맛있는 한자 연습

▽ 다음 한자와 히라가나를 써 보세요.

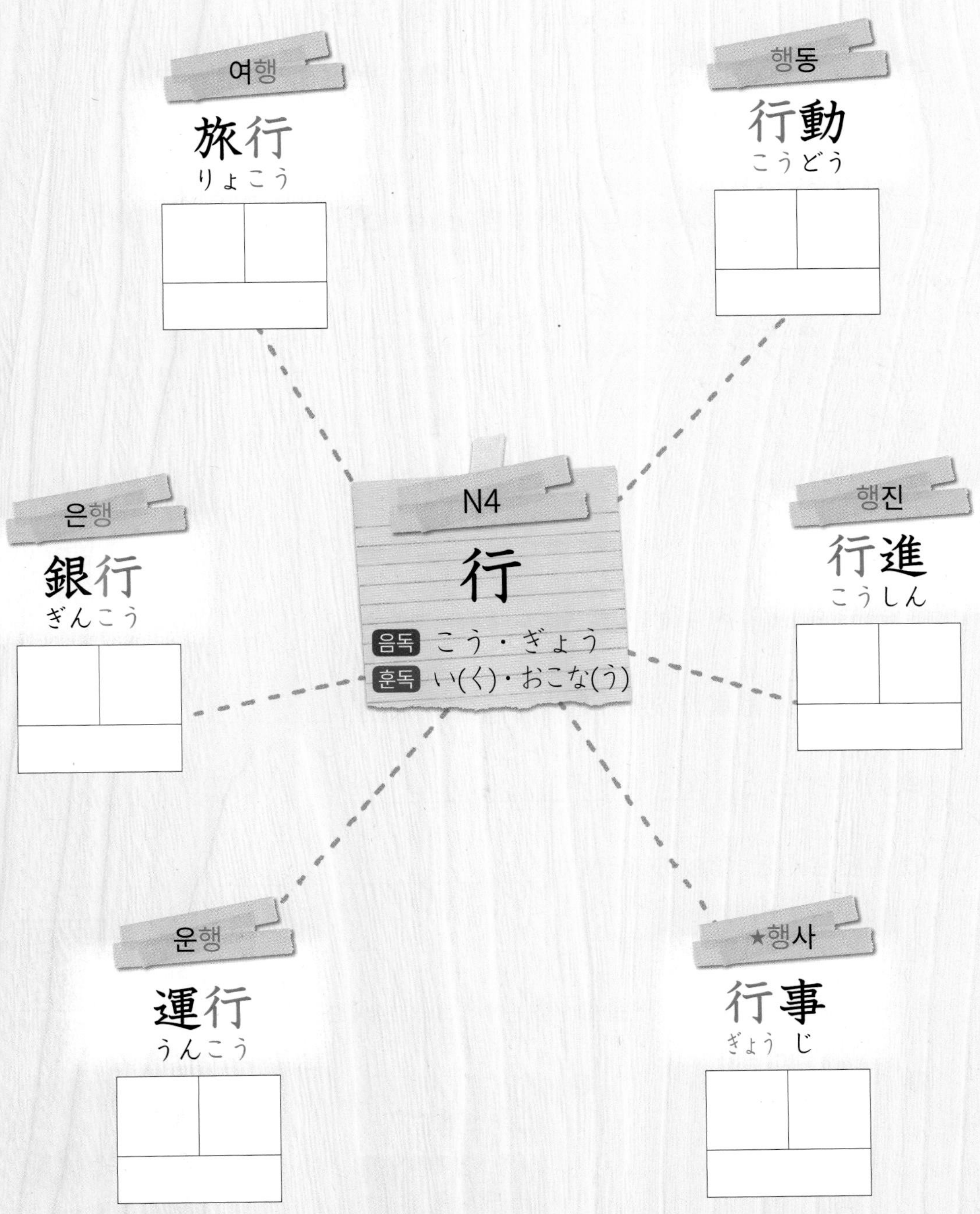

맛있는 확인 문제

1 다음 한자의 발음을 히라가나로 써 보세요. 어휘

❶ 桜 ____________ ❷ 地下鉄 ____________

❸ 参加 ____________ ❹ 一生懸命 ____________

2 다음 (1), (2)에 순서대로 들어갈 가장 알맞은 말을 ❶~❹ 중에서 하나 고르세요. 문법

友達(ともだち)と お花見(はなみ)(1)行(い)こう(2)思(おも)って います。

❶ に, と ❷ で, と

❸ の, を ❹ が, は

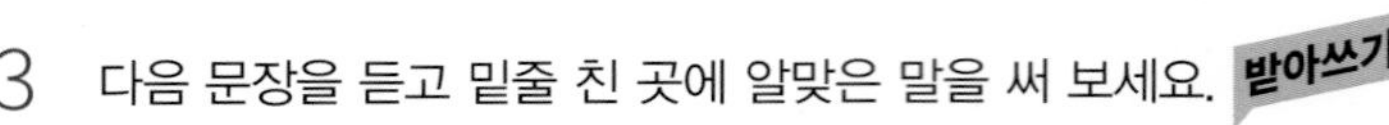

TRACK 04-05

3 다음 문장을 듣고 밑줄 친 곳에 알맞은 말을 써 보세요. 받아쓰기

❶ バスより 電車(でんしゃ)の 方(ほう)が 早(はや)いから 電車(でんしゃ)に ____________。

❷ 雨(あめ)が ずっと ____________ ____________。

❸ 佐藤(さとう)さんと 学校(がっこう)の 行事(ぎょうじ)に ____________ ____________ ____________。

TRACK 04-06

4 다음 대화를 듣고 내용에 맞는 사진을 ❶~❸ 중에서 하나 고르세요. 청취

❶ 

❷ 

❸ 

5 다음 ____★____에 들어갈 가장 알맞은 말을 ❶~❹ 중에서 하나 고르세요. **문장 배열**

A 田中さん、明日は 何を する つもりですか。

B ＿＿＿＿ ＿＿★＿＿ ＿＿＿＿ ＿＿＿＿。

❶ あるので　❷ 思います　❸ 試験が　❹ 勉強しようと

6 다음 그림을 보고 예와 같이 써 보세요. 

예

友達と 演劇を 見る

A 週末は 何を する つもりですか。

B 友達と 演劇を 見ようと 思います。

❶

同僚と コーヒーを 飲む

A 昼ご飯を 食べてから 何を する つもりですか。

B ＿＿＿＿＿＿＿＿＿＿＿＿＿＿ 思います。

❷

アメリカに 留学する

A 大学を 卒業してから 何を する つもりですか。

B ＿＿＿＿＿＿＿＿＿＿＿＿＿＿ 思います。

눈으로 맘껏 즐기는 일본 문화

일본의 우동 종류 및 젓가락 예절이 궁금해요

일본의 우동(うどん)

우동은 일본의 대표적인 면 요리로, 밀가루를 주원료로 만든 통통한 면을 익혀서 그 위에 고명을 다양하게 올려 먹습니다. 지역별 식문화와 먹는 방법, 곁들이는 재료(유부, 파, 미역, 튀김 등)에 따라 다양한 종류로 나뉩니다. 요즘은 우동 전문점이나 체인 레스토랑, 우동 버스 투어를 통해 다양한 우동 요리를 접할 수 있으며, 생면, 건면, 컵면 등의 다양한 형태로도 판매되고 있습니다.

우동 먹는 방법

우동 먹는 방법은 크게 '히야시 우동(冷うどん)'과 '가케 우동(かけうどん)'으로 나뉩니다.

히야시 우동(冷うどん)은 우동을 삶아 찬물에 씻은 후에 체나 돈부리 그릇에 담고, 와사비와 잘게 썬 파를 곁들여서 츠유(つゆ)에 찍어 먹습니다.

가케 우동(かけうどん)은 삶은 우동 면에 뜨겁게 국물을 낸 츠유를 붓고 잘게 썬 파와 튀김 부스러기를 곁들여 먹습니다.

일본에서 금기시하는 젓가락 예절

- **요세바시(よせ箸)** 젓가락으로 멀리 있는 그릇을 끌어당기는 행위
- **사시바시(さし箸)** 젓가락으로 음식을 찔러 집는 행위
- **네부리바시(ねぶり箸)** 젓가락 끝을 입안에 넣고 빠는 행위
- **마요이바시(まよい箸)** 금방 요리를 집었다가 다른 요리를 집는 행위
- **하시와타시(箸わたし)** 젓가락과 젓가락으로 반찬을 주고받는 행위

最近(さいきん) 梅雨(つゆ)に 入(はい)ったそうですよ。

최근 장마에 접어들었다고 하네요.

이번 과의 문화는?

일본의 기후

일본의 기후는 사계절이 뚜렷하고 지역 차가 크다는 것이 특징입니다. 날씨의 지역 차는 벚꽃 전선과 장마 전선에도 영향을 미칩니다.

이번 과의 포인트는?

「そうだ」의 전문 및 추측・양태 용법과 「ことに なる/する」를 활용하여 자연스럽게 말할 수 있습니다.

날씨에 대해 말할 수 있고, 자신의 일정에 대해 일본어로 일기를 쓸 수 있습니다.

일본의 기후 및 벚꽃 전선과 장마 전선에 대해 알 수 있습니다.

맛있는 회화

TRACK 05-01

✲ 나고야에 출장을 가게 된 승준(スンジュン)이 리나(りな)와 이야기하고 있습니다.

スンジュン　来月(らいげつ)、名古屋(なごや)へ 出張(しゅっちょう)に 行(い)く ことに なりました。
名古屋(なごや)は 何(なに)が 有名(ゆうめい)ですか。

りな　みそカツが 有名(ゆうめい)だそうです。

- 미소카츠 사진을 보면서 -

スンジュン　おいしそうですね。

「名古屋(なごや)」는 주부 지방의 행정·산업·문화·교통의 중심지이자 관광도시이며, 된장 소스 돈가스인 '미소카츠'가 유명합니다.

낱말과 표현

来月(らいげつ) 다음 달 | 名古屋(なごや) 나고야(주부 지방의 도시) | 出張(しゅっちょう) 출장 | 行(い)く ことに なりました 가게 되었습니다 | みそカツ 미소카츠(나고야의 명물인 된장 소스 돈가스) | 有名(ゆうめい)だそうです 유명하다고 합니다(전문) | おいしそうです 맛있어 보입니다, 맛있을 것 같습니다(양태)

TRACK 05-02

✲ 폴(ポール)과 소피아(ソフィア)가 비가 올 것 같은 날씨를 보며 이야기하고 있습니다.

ポール　今(いま)にも 雨(あめ)が 降(ふ)りそうですね。

ソフィア　そうですね。

天気予報(てんきよほう)に よると 最近(さいきん) 梅雨(つゆ)に 入(はい)ったそうですよ。

ポール　そうなんです。

それで、私(わたし)は 旅行(りょこう)を 延期(えんき)する ことに しました。

낱말과 표현

今(いま)にも 지금이라도 | 雨(あめ) 비 | 降(ふ)りそうです 내릴 것 같습니다(양태) | 天気予報(てんきよほう) 일기예보 | ～に よると ~에 의하면 | 最近(さいきん) 최근 | 梅雨(つゆ)に 入(はい)ったそうです 장마에 접어들었다고 합니다(전문) | そうなんです 그렇습니다(회화체) | 旅行(りょこう) 여행 | 延期(えんき)する ことに しました 연기하기로 했습니다

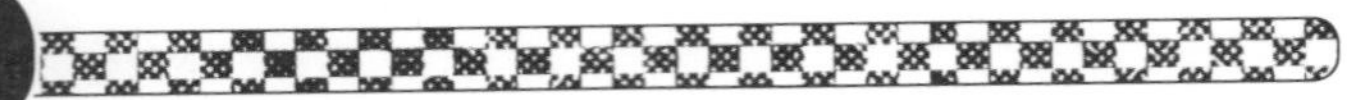

1 そうだ / そうです의 용법

1 전문: ~라고 한다(합니다)

종류	접속 방법	예
명사	명사だ + そうだ そうです	定休日(ていきゅうび)だそうだ 정기 휴일이라고 한다 定休日(ていきゅうび)だそうです 정기 휴일이라고 합니다
な형용사	기본형 + そうだ そうです	元気(げんき)だそうだ 건강하다고 한다 元気(げんき)だそうです 건강하다고 합니다
い형용사	기본형 + そうだ そうです	高(たか)いそうだ 비싸다고 한다 高(たか)いそうです 비싸다고 합니다
동사	기본형 + そうだ そうです	晴(は)れるそうだ (날씨가) 개인다고 한다 晴(は)れるそうです (날씨가) 개인다고 합니다

2 추측 · 양태: ~일 것 같다(같습니다)

종류	접속 방법	예
명사	없음	없음
な형용사	~~だ~~ + そうだ そうです	元気(げんき)そうだ 건강할 것 같다 元気(げんき)そうです 건강할 것 같습니다
い형용사	~~い~~ + そうだ そうです	高(たか)そうだ 비쌀 것 같다 高(たか)そうです 비쌀 것 같습니다
동사	ます형 + そうだ そうです	晴(は)れそうだ (날씨가) 개일 것 같다 晴(は)れそうです (날씨가) 개일 것 같습니다

2 전문의 そうです

~라고 합니다

- あの 方(かた)は 有名(ゆうめい)な 作家(さっか)だそうです。[作家(さっか)]
- この 博物館(はくぶつかん)は 世界(せかい)で 一番(いちばん) 有名(ゆうめい)だそうです。[有名(ゆうめい)だ]
- 高橋(たかはし)さんの 家(いえ)は 市内(しない)から とても 近(ちか)いそうです。[近(ちか)い]
- 昨日(きのう)、関西地方(かんさいちほう)で 地震(じしん)が あったそうです。[ある]

3 추측・양태의 そうです

~(해) 보입니다, ~일 것 같습니다

- この 料理(りょうり)の 作(つく)り方(かた)は とても 簡単(かんたん)そうですね。[簡単(かんたん)だ]
- これが 名古屋(なごや)の 名物(めいぶつ)ですか。おいしそうですね。[おいしい]
- 今(いま)にも 夕立(ゆうだち)が 降(ふ)りそうですね。[降(ふ)る]

잠깐! TIP

「いい」의 추측・양태 표현

「いい」의 추측・양태 표현은 「よさそうです」인 점에 주의하세요.

★ 青山(あおやま)さんは 性格(せいかく)が よさそうですね。(O)
아오야마 씨는 성격이 좋아 보여요.

★ 青山(あおやま)さんは 性格(せいかく)が いさそうですね。(X)

方(かた) 분 | 作家(さっか) 작가 | 博物館(はくぶつかん) 박물관 | 世界(せかい) 세계 | 市内(しない) 시내 | 関西地方(かんさいちほう) 관서 지방 | 地震(じしん) 지진 | 作(つく)り方(かた) 만드는 법 | 簡単(かんたん)だ 간단하다 | 名古屋(なごや) 나고야 | 名物(めいぶつ) 명물 | 今(いま)にも 지금이라도, 당장이라도 | 夕立(ゆうだち) 소나기

4 동사의 기본형 + ことに なる　~하게 되다

・ベトナムへ 出張(しゅっちょう)に 行(い)く ことに なりました。[行(い)く]

・旅館(りょかん)に 泊(と)まる ことに なりました。[泊(と)まる]

・貿易会社(ぼうえきがいしゃ)に 就職(しゅうしょく)する ことに なりました。[就職(しゅうしょく)する]

5 동사의 기본형 + ことに する　~하기로 하다

・スーパーで 食料品(しょくりょうひん)を 買(か)う ことに しました。[買(か)う]

・夕食(ゆうしょく)は 食堂(しょくどう)で 和食(わしょく)を 食(た)べる ことに しました。[食(た)べる]

・食事(しょくじ)を してから お風呂(ふろ)に 入(はい)る ことに しました。[入(はい)る]

ベトナム 베트남 | 出張(しゅっちょう) 출장 | 旅館(りょかん) 여관, 료칸 | ～に 泊(と)まる ~에 숙박하다 | 貿易会社(ぼうえきがいしゃ) 무역 회사 | 就職(しゅうしょく) 취직 | スーパー 슈퍼 | 食料品(しょくりょうひん) 식료품 | 夕食(ゆうしょく) 석식, 저녁 식사 | 食堂(しょくどう) 식당 | 和食(わしょく) 일식 | 食事(しょくじ) 식사 | お風呂(ふろ)に 入(はい)る 목욕하다

조사 「に」가 오는 동사 정리

1

友達(ともだち)に 会(あ)って います。

친구를 만나고 있습니다.

2

バスに 乗(の)って 行(い)きます。

버스를 타고 갑니다.

3

東京(とうきょう)に 住(す)んで います。

도쿄에 살고 있습니다.

4

大学院(だいがくいん)に 通(かよ)って います。

대학원에 다니고 있습니다.

5

旅館(りょかん)に 泊(と)まります。

여관(료칸)에 숙박합니다.

6

お風呂(ふろ)に 入(はい)ります。

목욕을 합니다.

7

銀行(ぎんこう)に 勤(つと)めて います。

은행에 근무하고 있습니다.

잠깐! TIP

「働(はたら)く」와 「勤(つと)める」 앞에 오는 조사 구분하기

★ 旅行会社(りょこうがいしゃ)で 働(はたら)いて います。

여행사에서 일하고 있습니다.

★ 旅行会社(りょこうがいしゃ)に 勤(つと)めて います。

여행사에 근무하고 있습니다.

맛있는 문장 연습

TRACK 05-03

▽ 다음 문장을 따라 말해 보세요.

1

a 明日(あした)は 休み(やす)だそうです。 — 내일은 휴일이라고 합니다.

b この ベッドは とても 高い(たか)そうです。 — 이 침대는 매우 비싸다고 합니다.

2

a ニュースに よると 雪(ゆき)が 降る(ふ)そうです。 — 뉴스에 의하면 눈이 온다고 합니다.

b 今(いま)にも 雨(あめ)が 降り(ふ)そうです。 — 지금이라도 비가 내릴 것 같습니다.

3

a この パン、おいしそうですね。 — 이 빵, 맛있어 보이네요.

b この 店(みせ)の 野菜(やさい)は 新鮮(しんせん)そうです。 — 이 가게의 채소는 신선해 보입니다.

4

a 日本(にほん)へ 出張(しゅっちょう)する ことに なりました。 — 일본에 출장 가게 되었습니다.

b 海(うみ)へ 遊び(あそ)に 行く(い) ことに しました。 — 바다에 놀러 가기로 했습니다.

맛있는 회화 연습

TRACK 05-04

▽ 다음은 어떤 상황에 대한 대화 내용입니다. 예와 같이 자유롭게 대화해 보세요.

예

A とても 新鮮(しんせん)そうですね。

B ええ、名古屋(なごや)で 一番(いちばん) 有名(ゆうめい)だそうです。

それで、彼氏(かれし)と 食(た)べる ことに しました。

A 私(わたし)も ぜひ 食(た)べたいですね。

新鮮(しんせん)だ 신선하다 | 彼氏(かれし) 남자친구 | 楽(たの)しい 즐겁다 | いつも 항상, 언제나 | 人(ひと) 사람 | 多(おお)い 많다 | 子供(こども) 어린이, 아이 | 体験(たいけん) 체험 | 止(や)む 그치다 | 午後(ごご) 오후 | 晴(は)れる 맑다, 개이다 | 花見(はなみ) 꽃구경 | 部屋(へや) 방 | サービス 서비스 | ホテル 호텔 | ～に 泊(と)まる ~에 묵다, 숙박하다

맛있는 독해 연습

▽ 다음은 폴이 일본어로 쓴 일기입니다. 내용을 읽고 답해 보세요.

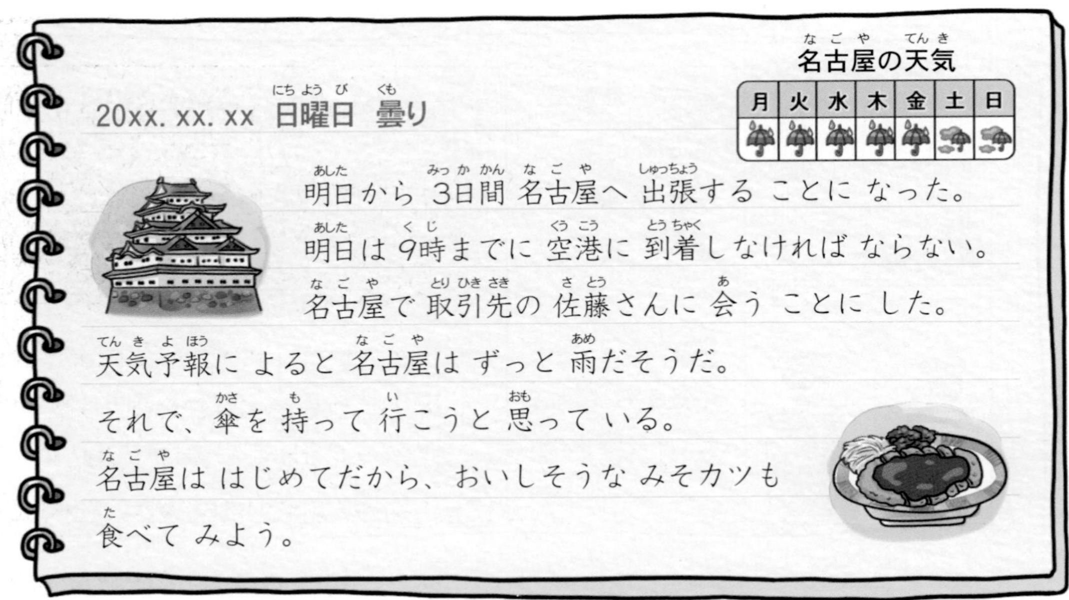

名古屋(なごや)の天気(てんき)

月	火	水	木	金	土	日

20xx. xx. xx 日曜日(にちようび) 曇(くも)り

明日(あした)から 3日間(みっかかん) 名古屋(なごや)へ 出張(しゅっちょう)する ことに なった。
明日(あした)は 9時(くじ)までに 空港(くうこう)に 到着(とうちゃく)しなければ ならない。
名古屋(なごや)で 取引先(とりひきさき)の 佐藤(さとう)さんに 会(あ)う ことに した。
天気予報(てんきよほう)に よると 名古屋(なごや)は ずっと 雨(あめ)だそうだ。
それで、傘(かさ)を 持(も)って 行(い)こうと 思(おも)って いる。
名古屋(なごや)は はじめてだから、おいしそうな みそカツも
食(た)べて みよう。

1 다음 밑줄 친 곳에 들어갈 알맞은 말을 쓰세요.

私(わたし)は 名古屋(なごや)で 佐藤(さとう)さんに ____________ ことに した。

2 다음 ❶~❸ 중에서 가장 적절한 것을 하나 고르세요.

❶ 雨(あめ)が 降(ふ)っても 名古屋(なごや)へ 出張(しゅっちょう)に 行(い)く ことに した。

❷ 名古屋(なごや)は ずっと 雨(あめ)だから 出張(しゅっちょう)に 行(い)かない ことに した。

❸ 佐藤(さとう)さんと みそカツを 食(た)べてから 空港(くうこう)に 到着(とうちゃく)した。

曇(くも)り 흐림 | 3日間(みっかかん) 3일간 | 出張(しゅっちょう) 출장 | 空港(くうこう) 공항 | 到着(とうちゃく) 도착 | ~なければ ならない ~하지 않으면 안 된다 | 取引先(とりひきさき) 거래처 | 天気予報(てんきよほう) 일기예보 | ~に よると ~에 의하면 | ずっと 쭉, 계속 | 傘(かさ) 우산 | 持(も)って 行(い)く 갖고 가다 | はじめて (경험상) 처음 | おいしそうだ 맛있을 것 같다 | みそカツ 미소카츠

맛있는 한자 연습

▽ 다음 한자와 히라가나를 써 보세요.

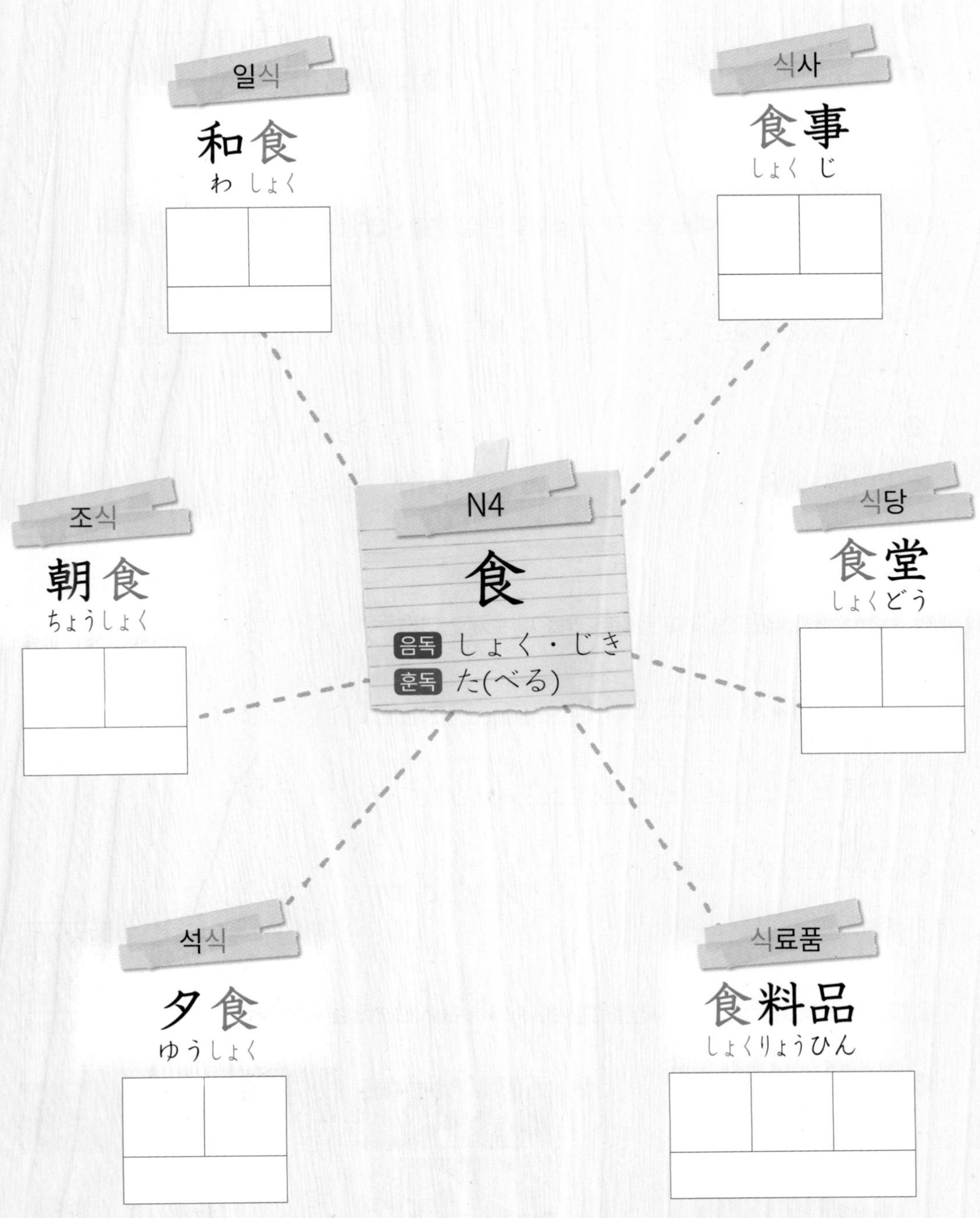

맛있는 확인 문제

1 다음 한자의 발음을 히라가나로 써 보세요. 어휘

❶ 夕立 ____________ ❷ 梅雨 ____________

❸ 食堂 ____________ ❹ お風呂 ____________

2 다음 (1), (2)에 순서대로 들어갈 가장 알맞은 말을 ❶~❹ 중에서 하나 고르세요. 문법

天気予報(てんきよほう)(　1　) よると 明日(あした)は 雨(あめ)が (　2　)そうです。

❶ で, 降(ふ)り ❷ で, 降(ふ)る

❸ は, 降(ふ)った ❹ に, 降(ふ)る

TRACK 05-05

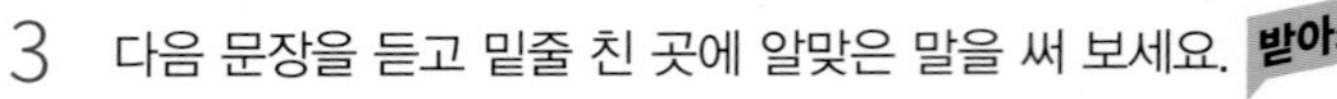

3 다음 문장을 듣고 밑줄 친 곳에 알맞은 말을 써 보세요. 받아쓰기

❶ この かばん、とても ____________ 。

❷ 今(いま)にも ________ ____________ 。

❸ 吉田先生(よしだせんせい)の 結婚式(けっこんしき)へ ________ ________ ____________ 。

TRACK 05-06

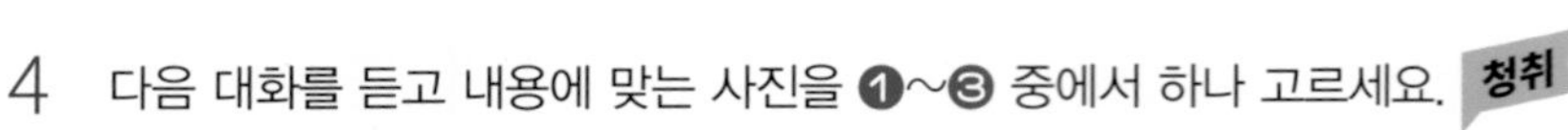

4 다음 대화를 듣고 내용에 맞는 사진을 ❶~❸ 중에서 하나 고르세요. 청취

❶ 

❷ 

❸ 

5 다음 ＿★＿에 들어갈 가장 알맞은 말을 ❶~❹ 중에서 하나 고르세요. **문장 배열**

A ＿＿＿ ＿＿＿ ＿＿＿ ＿★＿ 降(ふ)るそうです。

B そうですか。道(みち)が 混(こ)むかも しれませんね。

❶ 今週(こんしゅう)は　❷ 雪(ゆき)が　❸ よると　❹ 天気予報(てんきよほう)に

6 다음 그림을 보고 예와 같이 써 보세요. **빈칸 채우기**

예

雨(あめ)が 降(ふ)る

A1 ニュースに よると 雨(あめ)が 降(ふ)るそうです。

A2 今(いま)にも 雨(あめ)が 降(ふ)りそうです。

❶

おもしろい

A1 雑誌(ざっし)に よると この 映画(えいが)は ＿＿＿＿＿＿。

A2 この 映画(えいが)は ＿＿＿＿＿＿。

❷

便利(べんり)だ

A1 新聞(しんぶん)に よると ここは 交通(こうつう)が ＿＿＿＿＿＿。

A2 ここは 交通(こうつう)が ＿＿＿＿＿＿。

일본의 기후가 궁금해요

일본의 기후

사계절이 뚜렷하고 여름은 고온다습, 겨울은 한랭건조하며 지형적인 영향으로 강수량이 많고 지역 차가 큽니다. 남북의 기온 차는 벚꽃 전선과 장마 전선에도 영향을 미칩니다.

벚꽃 전선(桜前線)과 장마 전선(梅雨前線)

벚꽃 전선(桜前線)과 장마 전선(梅雨前線)은 일본 열도 각각 남쪽에서 북쪽 끝까지 도달하는 데 약 두 달 정도 걸립니다. 벚꽃은 남규슈에서 3월 하순부터 피기 시작하여 홋카이도에서는 5월 상순에 핍니다. 장마는 6월 중순부터 시작되어 7월 상순에 끝납니다.

벚꽃 개화 시기와 명소

벚꽃 개화 시기는 후쿠오카가 3월 21일 정도로 가장 빠르고, 이어서 도쿄 3월 23일, 오사카 3월 25일, 삿포로 5월 1일 정도입니다(2024년 기준). 벚꽃 명소로는 도쿄 나카메구로, 오사카성, 교토 헤이안 신궁, 후쿠오카 고쿠라성, 삿포로 마츠마에 공원 등이 유명합니다.

데루테루보즈(てるてるぼうず)

하얀색 천에 눈사람의 머리 모양을 하고 있는 이 인형을 처마 밑에 걸어 두면 날씨가 맑아지고, 거꾸로 매달아 놓으면 비가 내린다는 속설이 있습니다.

発表(はっぴょう)の 準備(じゅんび)で 忙(いそが)しいようですね。

발표 준비로 바쁜 것 같네요.

이번 과의 문화는?

일본 주택의 종류

일본 주택의 종류에는 단독 주택, 아파트, 맨션 등이 있으며, 화장실과 욕실은 분리되어 있는 것이 특징입니다.

이번 과의 포인트는?

「ようだ・みたいだ」와「らしい」용법을 익히고「しか」와「だけ」를 구분하여 자연스럽게 말할 수 있습니다.

비유 표현 및 상황에 대한 추측과 전달을 말할 수 있고, 문서의 내용을 파악할 수 있습니다.

아파트와 맨션 등 일본 주택의 종류 및 특징에 대해 알 수 있습니다.

맛있는 회화

TRACK 06-01

✲ 리나(りな)가 승준(スンジュン)에게 발표 준비는 잘 되어 가고 있는지 묻고 있습니다.

りな　イさん、発表(はっぴょう)の 準備(じゅんび)で 忙(いそが)しいようですね。
うまく いって いますか。

スンジュン　はい、もう 終(お)えました。

りな　へえ～、もう 準備(じゅんび)が 終(お)わったんですか。
さすが イさんらしいですね。

낱말과 표현

発表(はっぴょう) 발표 | 準備(じゅんび) 준비 | 忙(いそが)しいようです 바쁜 것 같습니다 | うまく いって いますか 잘 되어 가고 있습니까? | もう 이미, 벌써 | 終(お)えました 끝냈습니다 | 終(お)わったんですか 끝났나요?, 끝났습니까? | さすが 과연, 역시 | イさんらしいですね 이 씨답네요

TRACK 06-02

✲ 소피아(ソフィア)와 승준(スンジュン)이 시라카와고의 눈 쌓인 사진을 보며 이야기하고 있습니다.

ソフィア　わ～! まるで 童話(どうわ)の 中(なか)に 出(で)て くる 所(ところ)みたいですね。

スンジュン　そうですね。けっこう 有名(ゆうめい)らしいですよ。

ソフィア　高山(たかやま)から どのぐらい かかりますか。

スンジュン　バスで 1時間(いちじかん)しか かかりません。

ソフィア　え？ 1時間(いちじかん)だけですか。思(おも)ったより 近(ちか)いですね。

낱말과 표현

まるで 마치 | 童話(どうわ) 동화 | 出(で)て くる 나오다 | 所(ところ)みたいです ~곳 같습니다 | けっこう 꽤, 제법 | 有名(ゆうめい)らしいです 유명한 것 같습니다 | 高山(たかやま) 다카야마(나고야 근교에 위치한 관광지) | どのぐらい 얼마나, 어느 정도 | かかります 걸립니다, 소요됩니다 | 1時間(いちじかん) 1시간 | ～しか ~밖에 | ～だけ ~뿐, ~만 | 思(おも)ったより 생각했던 것보다 | 近(ちか)い 가깝다

1 ようだ・みたいだ 용법

1 ようだ / ようです: ~인 것 같다(같습니다)

종류	접속 방법	예
명사	명사 + の + ようだ ようです	夢(ゆめ)のようだ 꿈 같다 夢(ゆめ)のようです 꿈 같습니다
な형용사	だ + な + ようだ ようです	まじめなようだ 성실한 것 같다 まじめなようです 성실한 것 같습니다
い형용사	기본형 + ようだ ようです	難(むずか)しいようだ 어려운 것 같다 難(むずか)しいようです 어려운 것 같습니다
동사	기본형 + ようだ ようです	雨(あめ)が 降(ふ)るようだ 비가 올 것 같다 雨(あめ)が 降(ふ)るようです 비가 올 것 같습니다

2 みたいだ / みたいです: ~인 것 같다(같습니다) ★회화체

종류	접속 방법	예
명사	명사 + みたいだ みたいです	夢(ゆめ)みたいだ 꿈 같다 夢(ゆめ)みたいです 꿈 같습니다
な형용사	だ + みたいだ みたいです	まじめみたいだ 성실한 것 같다 まじめみたいです 성실한 것 같습니다
い형용사	기본형 + みたいだ みたいです	難(むずか)しいみたいだ 어려운 것 같다 難(むずか)しいみたいです 어려운 것 같습니다
동사	기본형 + みたいだ みたいです	雨(あめ)が 降(ふ)るみたいだ 비가 올 것 같다 雨(あめ)が 降(ふ)るみたいです 비가 올 것 같습니다

2 ~ようだ / ようです ~인 것 같다 / 같습니다

- 鈴木先生の お宅は まるで お城のようだ。[お城]
- この アプリは お得な 情報が 多いようです。[多い]
- 日本の 生活に もう 慣れたようです。[慣れる]

3 ~みたいだ / みたいです ~인 것 같다 / 같습니다 ★회화체

- あの 小さい バイクは まるで おもちゃみたい。[おもちゃ]
- ワンさんは 焼き魚が 好きみたいです。[好きだ]
- この マンションは 家賃が 高くないみたいです。[高くない]

잠깐! TIP

「ようだ・みたいだ」의 활용

★まるで 夢の ような(= 夢みたいな) 話 마치 꿈 같은 이야기

★まるで 花の ように(= 花みたいに) きれいだ。마치 꽃과 같이(꽃처럼) 예쁘다.

お宅 댁(家의 높임말) | まるで 마치 | お城 성 | アプリ 애플리케이션 | お得だ 득이 되다, 유익하다 | 情報 정보 | 多い 많다 | 生活 생활 | もう 벌써 | 慣れる 익숙해지다, 적응되다 | 小さい 작다 | バイク 오토바이 | おもちゃ 장난감 | 焼き魚 생선구이 | 好きだ 좋아하다 | マンション 맨션 | 家賃 집세 | 高く ない 비싸지 않다

4 ~らしい / らしいです

~라는(한다는) 것 같다 / 같습니다
★들은 말을 바탕으로 한 추측

종류	접속 방법	예
명사	명사 + らしい らしいです	梅雨(つゆ)らしい 장마라는(장마인) 것 같다 梅雨(つゆ)らしいです 장마라는(장마인) 것 같습니다
な형용사	~~だ~~ + らしい らしいです	有名(ゆうめい)らしい 유명하다는(유명한) 것 같다 有名(ゆうめい)らしいです 유명하다는(유명한) 것 같습니다
い형용사	기본형 + らしい らしいです	やさしいらしい 상냥하다는(상냥한) 것 같다 やさしいらしいです 상냥하다는(상냥한) 것 같습니다
동사	기본형 + らしい らしいです	卒業(そつぎょう)するらしい 졸업한다는(졸업하는) 것 같다 卒業(そつぎょう)するらしいです 졸업한다는(졸업하는) 것 같습니다

- 来週(らいしゅう)の 土曜日(どようび)に 結婚(けっこん)するらしいです。[結婚(けっこん)する]
- 彼(かれ)は 新(あたら)しい 服(ふく)が 気(き)に 入(い)らないらしいです。[入(い)らない]

잠깐! TIP

「らしい」의 또 다른 용법: ~답다, ~스럽다

★由香(ゆか)さんは とても 女(おんな)らしいですね。 유카 씨는 참 여성스럽네요.
★それは 大人(おとな)らしく ない 行動(こうどう)だ。 그것은 어른답지 않은 행동이다.

잠깐! TIP

「そうだ・ようだ・らしい」 구분

★雨(あめ)が 降(ふ)るそうです。 → 뉴스에서 직접 듣고 전하는 전문
★雨(あめ)が 降(ふ)るようです。 → 주관적인 느낌을 바탕으로 한 추측
★雨(あめ)が 降(ふ)るらしいです。 → 들은 내용을 바탕으로 한 추측

来週(らいしゅう) 다음 주 | 結婚(けっこん) 결혼 | 彼(かれ) 그 | 新(あたら)しい 새롭다 | 服(ふく) 옷 | 気(き)に 入(い)らない 마음에 들지 않다

5 ～しか / ～だけ

~밖에 / ~뿐, ~만

- 学校(がっこう)まで 自転車(じてんしゃ)で 5分(ごふん)しか かかりません。
- 本屋(ほんや)は 駅(えき)から 歩(ある)いて １０分(じゅっぷん)だけです。
- 財布(さいふ)の 中(なか)に １０００円(せんえん)しか ありません。
- 教室(きょうしつ)に 学生(がくせい)は ３人(さんにん)だけです。

잠깐! TIP

「しか」 뒤에는 부정문, 「だけ」 뒤에는 긍정문

★かばんの 中(なか)に りんごは ひとつしか ありません。(O)
가방 안에 사과는 한 개밖에 없습니다.

★かばんの 中(なか)に りんごは ひとつだけ ありません。(X)

自転車(じてんしゃ) 자전거 | 本屋(ほんや) 서점 | 駅(えき) 역 | 歩(ある)いて 걸어서 | 財布(さいふ) 지갑 | 教室(きょうしつ) 교실 | 学生(がくせい) 학생 | りんご 사과

맛있는 문장 연습

TRACK 06-03

▽ 다음 문장을 따라 말해 보세요.

1

a まるで 子供(こども)のようですね。 — 마치 아이 같네요.

b まるで おもちゃみたいです。 — 마치 장난감 같습니다.

2

a 報告書(ほうこくしょ)の 準備(じゅんび)で 忙(いそが)しいようです。 — 보고서 준비로 바쁜 것 같습니다.

b 彼(かれ)は うそを ついて いるようです。 — 그는 거짓말을 하고 있는 것 같습니다.

3

a 来週(らいしゅう)、雪(ゆき)が 降(ふ)るらしいです。 — 다음 주, 눈이 오는 것 같습니다.

b 私(わたし)は 男(おとこ)らしい タイプが 好(す)きです。 — 저는 남자다운 타입을 좋아합니다.

4

a 飛行機(ひこうき)で 1時間(いちじかん)しか かかりません。 — 비행기로 1시간밖에 안 걸립니다.

b かばんの 中(なか)に りんごは ひとつだけです。 — 가방 안에 사과는 한 개뿐입니다.

맛있는 회화 연습

TRACK 06-04

▽ 다음은 어떤 상황에 대한 대화 내용입니다. 예와 같이 자유롭게 대화해 보세요.

・ワン	・松本(まつもと)	・林(はやし)
・来月(らいげつ) 結婚(けっこん)する	・試験(しけん)に 合格(ごうかく)した	・ダイエットして 20キロ 減(へ)らした
・広場(ひろば)で プロポーズする	・何回(なんかい) 落(お)ちても また 挑戦(ちょうせん)する	・毎日(まいにち) 3時間(さんじかん)以上(いじょう) 運動(うんどう)する

예

A ワンさんは 来月(らいげつ) 結婚(けっこん)するらしいです。

B ええ？ 本当(ほんとう)ですか。

A はい。広場(ひろば)で プロポーズしたみたいです。

B さすが ワンさんらしいですね。

来月(らいげつ) 다음 달 | 結婚(けっこん) 결혼 | 広場(ひろば) 광장 | プロポーズ 프로포즈 | 試験(しけん) 시험 | 合格(ごうかく) 합격 | 何回(なんかい) 몇 번 | 落(お)ちる 떨어지다 | また 또, 다시 | 挑戦(ちょうせん) 도전 | ダイエット 다이어트 | 20キロ(にじゅっキロ) 20킬로그램 | 減(へ)らす 줄이다, 빼다 | 毎日(まいにち) 매일 | 以上(いじょう) 이상 | 運動(うんどう) 운동

맛있는 독해 연습

▽ 다음은 유카가 답한 여성의 심리 테스트입니다. 내용을 읽고 답해 보세요.

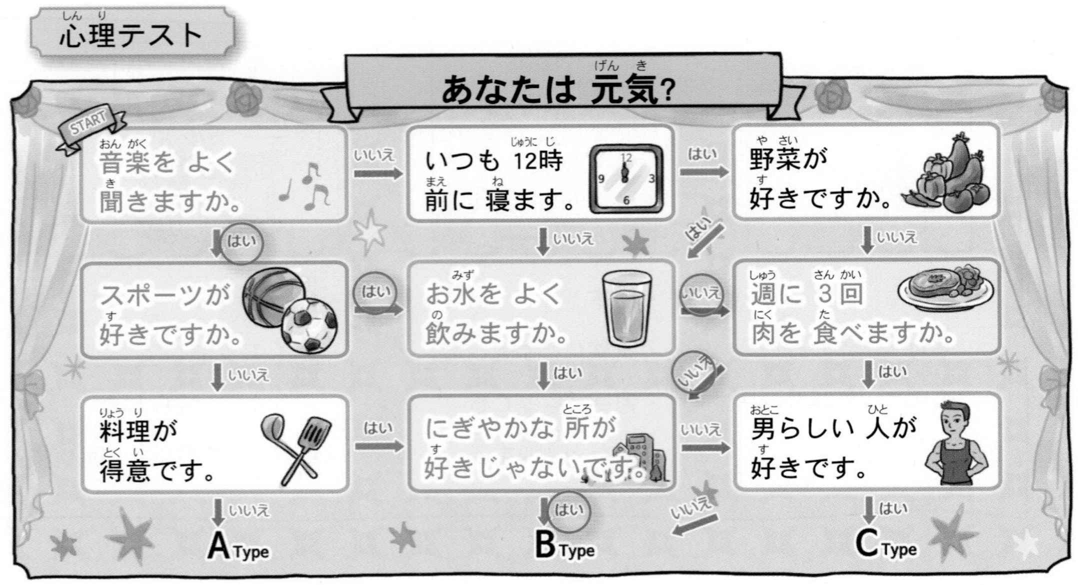

1 다음 밑줄 친 곳에 들어갈 알맞은 말을 쓰세요.

由香さんは スポーツが ____________ ようです。

2 다음 ❶~❸ 중에서 가장 적절한 것을 하나 고르세요.

❶ 由香さんは 早く 寝て 肉を よく 食べるようです。

❷ 由香さんは 男らしい タイプが 好きじゃないらしいです。

❸ 由香さんは 静かな 所が 好きなようです。

心理テスト 심리 테스트 | あなた 당신 | 元気 건강함 | 音楽 음악 | よく 자주 | スポーツ 스포츠 | お水 물 | 週に 3回 1주일에 3번 | 肉 고기 | 得意だ 자신 있다, 능숙하다 | にぎやかだ 번화하다 | 男らしい 남자답다 | タイプ 타입 | 静かだ 조용하다

맛있는 한자 연습

▽ 다음 한자와 히라가나를 써 보세요.

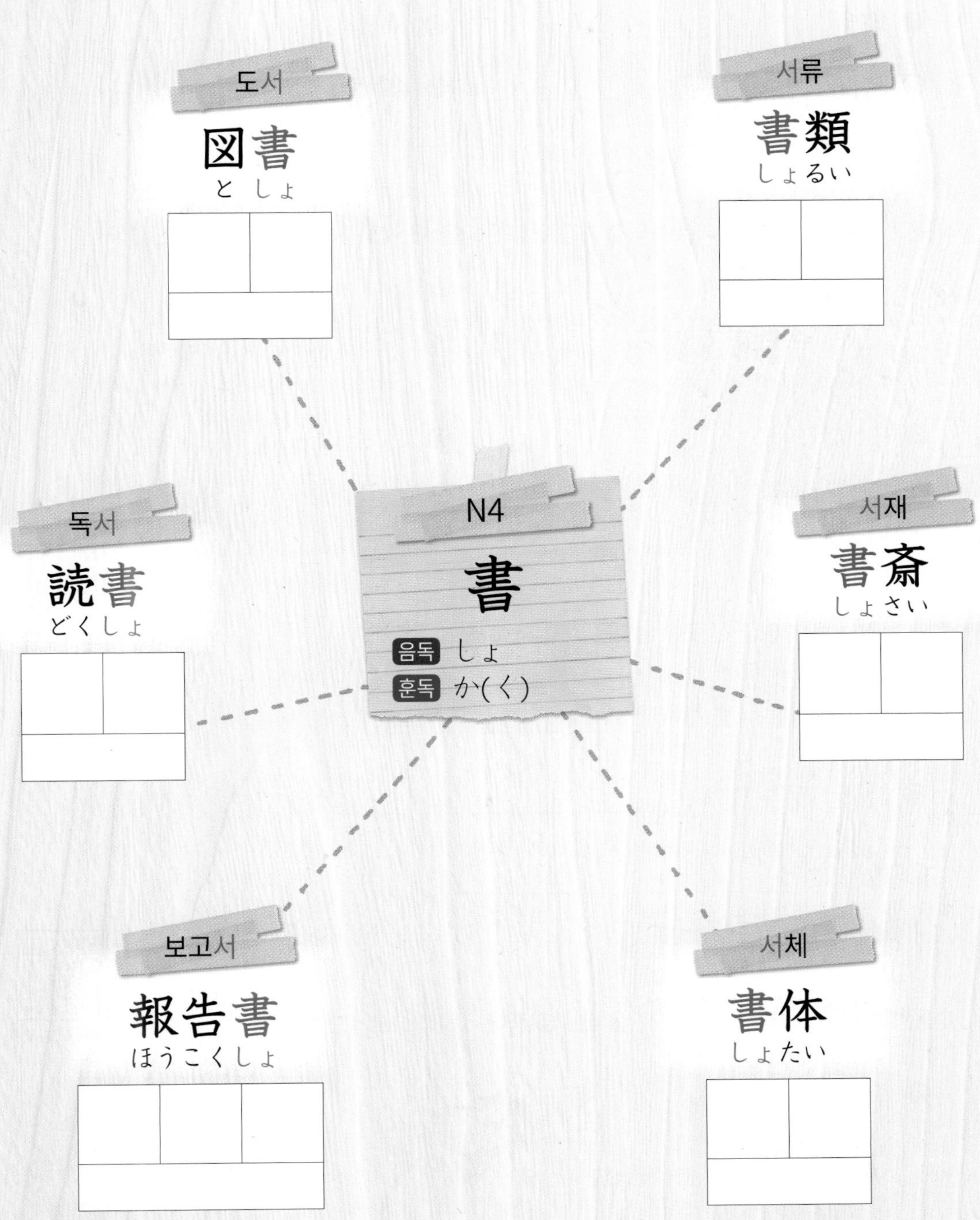

1 다음 한자의 발음을 히라가나로 써 보세요. **어휘**

❶ 家賃 ________________ ❷ 準備 ________________

❸ 時間 ________________ ❹ 夢 ________________

2 다음 (1), (2)에 순서대로 들어갈 가장 알맞은 말을 ❶~❹ 중에서 하나 고르세요. **문법**

> 会社(かいしゃ)まで バス(　1　) 20分(にじゅっぷん)(　2　) かかりません。

❶ に, だけ ❷ で, だけ

❸ で, しか ❹ に, しか

3 다음 문장을 듣고 밑줄 친 곳에 알맞은 말을 써 보세요. **받아쓰기**

TRACK 06-05

❶ あの 学生(がくせい)、まるで ________________ 。

❷ 最近(さいきん) 報告書(ほうこくしょ)の ____________ ____________ようです。

❸ 教室(きょうしつ)に ____________ ____________ 。

TRACK 06-06

4 다음 대화를 듣고 내용에 맞는 사진을 ❶~❸ 중에서 하나 고르세요. **청취**

❶ 

❷ 

❸ 

5 다음 ___★___에 들어갈 가장 알맞은 말을 ❶~❹ 중에서 하나 고르세요. **문장 배열**

A 最近(さいきん) ずっと 雨(あめ)ですね。来週(らいしゅう)まで 雨(あめ)が 降(ふ)るようです。

B ________。___★___ ________ ________ らしいですよ。

❶ は　　❷ 梅雨(つゆ)　　❸ 来週(らいしゅう)　　❹ そうですね

6 다음 그림을 보고 예와 같이 써 보세요. **빈칸 채우기**

예

うどんが 好(す)きだ

A1 青山(あおやま)さんは うどんが 好(す)きなようです。

A2 青山(あおやま)さんは うどんが 好(す)きらしいです。

❶

同僚(どうりょう)

A1 あの 2人(ふたり)は ____________ようです。

A2 あの 2人(ふたり)は ____________らしいです。

❷

難(むずか)しく ない

A1 今度(こんど)の 試験(しけん)は ____________ようです。

A2 今度(こんど)の 試験(しけん)は ____________らしいです。

일본 주택의 종류가 궁금해요

일본의 단독 주택(一戸建て)

예전에는 목조 건물에 기와지붕과 다다미방으로 이루어진 단독 주택이 대부분이었으나, 요즘에는 철근 콘크리트로 지어진 주택이 많습니다. 보통 2층 건물로 되어 있고, 각 주택마다 주차 공간이 있으며 작은 정원이 있는 집도 있습니다.

일본의 아파트(アパート)

일본의 아파트는 목조나 철근으로 지어진 공동 주택으로 대부분 2층이나 3층의 저층이며, 한국의 연립 주택에 해당합니다.

일본의 맨션(マンション)

중·고층의 철근 콘크리트 건물로 최근 기술이 발달함에 따라 고층 맨션이 늘어나고 있으며, 한국의 아파트에 해당합니다.

화장실과 욕실의 분리

일본은 위생과 청결을 위해 화장실과 욕실이 분리되어 있고, 변기 위에는 수도꼭지가 달려 있어서 손을 씻을 수도 있습니다.

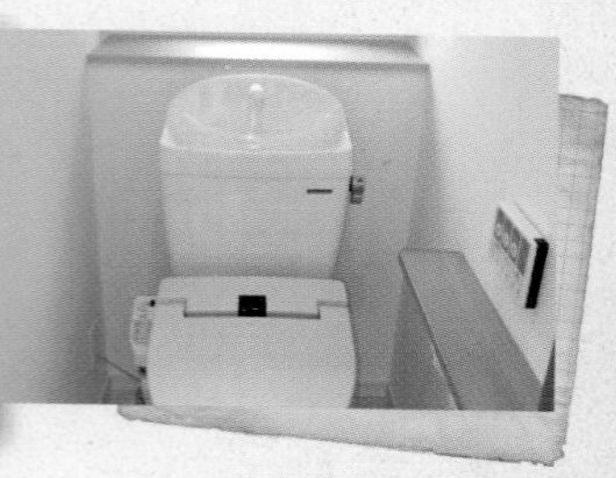

07

どうやって行(い)けばいいですか。

어떻게 가면 됩니까?

이번 과의 문화는?

일본의 편의점과 드러그스토어

일본의 편의점에서는 다양한 종류의 식품과 생필품을 판매하고 있으며 복사도 가능한 곳이 있습니다. 처방전 없는 일반 의약품은 드러그스토어에서 살 수 있습니다.

이번 과의 포인트는?

동사의 가정형에 대해 배우고 「ば」, 「と」, 「たら」, 「なら」를 활용하여 자연스럽게 말할 수 있습니다.

약도를 보며 위치를 묻고 답할 수 있고, 전단지에 나온 건물의 위치를 말할 수 있습니다.

일본의 편의점과 드러그스토어에 대해 알 수 있습니다.

맛있는 회화

TRACK 07-01

✲ 배가 아파서 오후 일정을 못 가게 된 승준(スンジュン)이 약국을 찾고 있습니다.

スンジュン　昨日 食べすぎて お腹が 痛いんです。

ドラッグストアは どこですか。

りな　ドラッグストアなら 郵便局の 近くに ありますよ。

大丈夫ですか。一緒に 行けたら よかったのに……。

낱말과 표현

食べすぎて 너무 많이 먹어서(과식해서) | お腹が 痛いんです 배가 아프거든요 | ドラッグストア 드러그스토어 | どこ 어디 | ～なら ~라면 | 郵便局 우체국 | 近く 근처 | 大丈夫ですか 괜찮습니까? | 行けたら 갈 수 있으면 | よかったのに 좋았을 텐데

TRACK 07-02

✻ 세영(セヨン)이 행인(通行人(つうこうにん))에게 구마모토성에 가는 길을 묻고 있습니다.

セヨン　熊本城(くまもとじょう)には どうやって 行(い)けば いいですか。

通行人(つうこうにん)　あの、この 道(みち)を まっすぐ 行(い)くと コンビニが 見(み)えます。コンビニの 前(まえ)を すぎて 一(ひと)つ目(め)の 角(かど)を 右(みぎ)に 曲(ま)がって ください。
もし わからなかったら また 人(ひと)に 聞(き)いて ください。

낱말과 표현

熊本城(くまもとじょう) 구마모토성(구마모토현에 있는 일본 3대 명성 중 하나) | どうやって 어떻게 | 行(い)けば 가면 | 道(みち) 길 | まっすぐ 곧장, 쭉 | 行(い)くと 가면 | コンビニ 편의점 | 見(み)えます 보입니다 | 前(まえ) 앞 | すぎて 지나서 | 一(ひと)つ目(め) 첫 번째 | 角(かど) 모퉁이 | 右(みぎ) 오른쪽 | 曲(ま)がって ください 돌아 주세요, 도세요 | もし 만약 | わからなかったら 모르면

1 동사의 가정형(~ば)

분류	기본형	가정형의 활용 방법	가정형 ~하면, ~한다면
1그룹 동사	行(い)く 가다	u단 → e단 + ば	行(い)けば
	飲(の)む 마시다		飲(の)めば
	買(か)う 사다		買(か)えば
	待(ま)つ 기다리다		待(ま)てば
	遊(あそ)ぶ 놀다		遊(あそ)べば
	話(はな)す 이야기하다		話(はな)せば
	乗(の)る 타다		乗(の)れば
	★帰(かえ)る 돌아가(오)다	帰(かえ)る → 帰(かえ)れば	帰(かえ)れば
	★入(はい)る 들어가(오)다	入(はい)る → 入(はい)れば	入(はい)れば
2그룹 동사	見(み)る 보다	る + れば	見(み)れば
	起(お)きる 일어나다		起(お)きれば
	食(た)べる 먹다		食(た)べれば
	寝(ね)る 자다		寝(ね)れば
	教(おし)える 가르치다		教(おし)えれば
	覚(おぼ)える 외우다		覚(おぼ)えれば
3그룹 동사	来(く)る 오다	필수 암기	来(く)れば
	する 하다		すれば

2 ～ば

~하면
★반대 사실, 속담, 일반적인 법칙 등의 가정 표현

종류	접속 방법	예
な형용사	だ + なら(ば)	新鮮(しんせん)なら(ば) 신선하면
い형용사	い + ければ	高(たか)ければ 비싸면

- 交通(こうつう)が 便利(べんり)ならば、私(わたし)も 行(い)って みたいです。[便利(べんり)だ]
- 初(はじ)めよければ 終(お)わりよし。[いい]
- 少(すこ)し 歩(ある)けば 郵便局(ゆうびんきょく)が 見(み)えます。[歩(ある)く]

잠깐! TIP
「～ば ～ほど」~하면 ~할수록
★この 小説(しょうせつ)は 読(よ)めば 読(よ)むほど おもしろいです。
이 소설은 읽으면 읽을수록 재미있습니다.

3 ～と

~하면
★길 안내, 자연 현상, 당연한 법칙, 원리 등의 가정 표현

- 一(ひと)つ目(め)の 角(かど)を 左(ひだり)に 曲(ま)がると 駅(えき)が あります。[曲(ま)がる]
- 冬(ふゆ)に なると 寒(さむ)く なります。[なる]
- この ボタンを 押(お)すと 飲(の)み物(もの)が 出(で)ます。[押(お)す]

✓ Check 형용사, 동사의 기본형에 접속하고, 명사는 だ를 붙여 と에 접속합니다.

交通(こうつう) 교통 | 初(はじ)めよければ 終(お)わりよし 시작이 좋으면 끝도 좋다 | 歩(ある)く 걷다 | 郵便局(ゆうびんきょく) 우체국 | 一(ひと)つ目(め) 첫 번째 | 角(かど) 모퉁이 | 曲(ま)がる 돌다 | 冬(ふゆ) 겨울 | 寒(さむ)い 춥다 | ボタン 버튼 | 押(お)す 누르다 | 飲(の)み物(もの) 음료 | 出(で)る 나오다

4 ~たら

~하면, ~한다면
★확정적인 조건 등의 가정 표현

종류	접속 방법	예
명사	명사 + だったら	無料(むりょう)だったら 무료라면
な형용사	~~だ~~ + だったら	安全(あんぜん)だったら 안전하다면
い형용사	~~い~~ + かったら	危(あぶ)なかったら 위험하다면
동사	동사 たら형에 접속	聞(き)いたら 들으면

Check 「たら」 뒤에는 의지, 희망, 명령 등의 문장이 옵니다.

· 連休(れんきゅう)だったら 一緒(いっしょ)に 遊(あそ)びに 行(い)きましょう。[連休(れんきゅう)]

· よかったら お茶(ちゃ)でも 飲(の)まない？ [いい]

· 台風(たいふう)が 来(き)たら 旅行(りょこう)は どう しますか。[来(く)る]

잠깐! TIP
동사의 て・た・たり・たら형
★食(た)べる - 食(た)べて - 食(た)べた - 食(た)べたり - 食(た)べたら

5 ~なら

~라면
★상대방의 말을 토대로 자신의 생각을 말할 때와 상대에게 조언할 때의 가정 표현

· 公園(こうえん)なら ホテルの 近(ちか)くに ありますよ。

· 韓国語(かんこくご)なら 山口先輩(やまぐちせんぱい)が 一番(いちばん) 上手(じょうず)です。

· 明日(あした)、休(やす)みなら 一緒(いっしょ)に 映画(えいが)を 見(み)ましょう。

Check 명사, い형용사, 동사의 기본형에 접속하고, な형용사는 だ를 떼고 なら에 접속합니다.

連休(れんきゅう) 연휴 | 一緒(いっしょ)に 같이, 함께 | お茶(ちゃ) 차 | ~でも ~라도 | 台風(たいふう)が 来(く)る 태풍이 오다 | 公園(こうえん) 공원 | 韓国語(かんこくご) 한국어 | 先輩(せんぱい) 선배

6 동사 ます형 + すぎる

지나치게(너무) ~하다

- 昨日、食べすぎて お腹が 痛いんです。[食べる]
- 同僚と 飲みすぎて 今朝は 気分が 悪いです。[飲む]
- カラオケで 歌いすぎて 声が 出ないんです。[歌う]

7 ~のに

~(인)데, ~(인)데도

종류	접속 방법	예
명사	명사 + なのに	無料なのに 무료인데도
な형용사	だ + なのに	大変なのに 힘든데도
い형용사	기본형 + のに	遠いのに 먼데도
동사	기본형 + のに	行くのに 가는데도

- 祭りなのに 私は 家で 宿題を して います。[祭り]
- 値段が 高いのに この 店は いつも 人が 多い。[高い]
- 風邪を 引いたのに 会社に 行きました。[引く]

お腹が 痛い 배가 아프다 | 同僚 동료 | 今朝 오늘 아침 | 気分が 悪い 속이 안 좋다 | カラオケ 가라오케 | 声が 出ない 목소리가 안 나오다 | 祭り 축제 | 宿題 숙제 | 値段 가격 | 風邪を 引く 감기에 걸리다

맛있는 문장 연습

TRACK 07-03

▽ 다음 문장을 따라 말해 보세요.

1

a 見れば見るほどかわいいですね。 — 보면 볼수록 귀엽네요.

b 値段が 安ければ 買います。 — 가격이 싸면 사겠습니다.

2

a まっすぐ 行くと 交差点に 出ます。 — 쭉 가면 사거리가 나옵니다.

b 2に 3を 足すと 5に なります。 — 2에 3을 더하면 5가 됩니다.

3

a 到着したら 電話して ください。 — 도착하면 전화해 주세요.

b 一緒に 食べたら いいのに。 — 같이 먹으면 좋을 텐데.

4

a 英語なら 佐藤さんが 上手です。 — 영어라면 사토 씨가 잘합니다.

b 調子が 悪いなら ゆっくり 寝た 方が いいです。 — 컨디션이 안 좋다면 푹 자는 편이 좋습니다.

맛있는 회화 연습

TRACK 07-04

▽ 다음은 위치를 묻는 대화 내용입니다. 예와 같이 자유롭게 대화해 보세요.

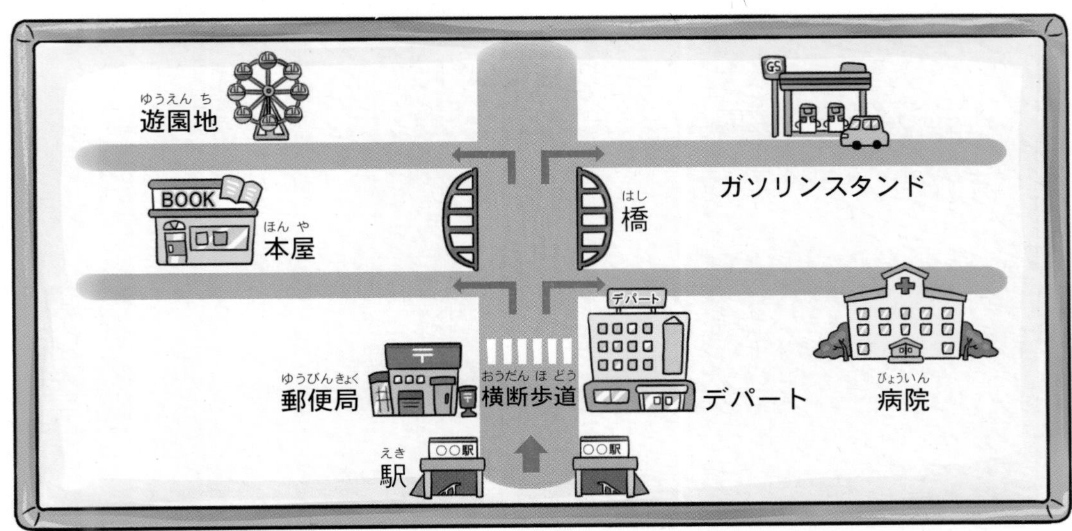

A 遊園地(ゆうえんち)まで ここから どうやって 行(い)けば いいですか。

B 遊園地(ゆうえんち)なら この 道(みち)を まっすぐ 行(い)くと 橋(はし)が 見(み)えます。

橋(はし)を 渡(わた)って 左(ひだり)に 曲(ま)がって ください。

もし わからなかったら 交番(こうばん)に 行(い)って 聞(き)いて ください。

遊園地(ゆうえんち) 유원지 | ガソリンスタンド 주유소 | 本屋(ほんや) 서점 | 病院(びょういん) 병원 | 郵便局(ゆうびんきょく) 우체국 | 横断歩道(おうだんほどう) 횡단보도 | デパート 백화점 | 道(みち) 길 | まっすぐ 곧장, 쭉 | 橋(はし) 다리 | 見(み)える 보이다 | 渡(わた)る 건너다 | 左(ひだり) 왼쪽 | 曲(ま)がる 돌다 | もし 만약 | わからない 모르다 | 交番(こうばん) 파출소 | ～を すぎる ~을/를 지나다 | 右(みぎ) 오른쪽

맛있는 독해 연습

▽ 다음은 새로 생긴 백화점의 전단지입니다. 약도를 보고 답해 보세요.

1 다음 밑줄 친 곳에 들어갈 알맞은 말을 쓰세요.

SAYデパートの 向かいに ＿＿＿＿＿＿が あります。

2 다음 ❶~❸ 중에서 가장 적절한 것을 하나 고르세요.

❶ 1番出口から 少し 歩けば 左側に 銀行が あります。

❷ 2番出口を 出て 左に 曲がったら デパートが 見えます。

❸ 一つ目の 角を 右に 曲がると 交差点に 出ます。

デパート 백화점 | 買い物 쇼핑 | お得だ 이익이다 | 便利だ 편리하다 | 銀行 은행 | 向かい 맞은편 | 1番出口 1번 출구 | 少し 조금, 약간 | 歩く 걷다 | 側 쪽, 편 | 曲がる 돌다 | 見える 보이다 | 一つ目 첫 번째 | 角 모퉁이 | 交差点に 出る 사거리가 나오다

맛있는 한자 연습

▽ 다음 한자와 히라가나를 써 보세요.

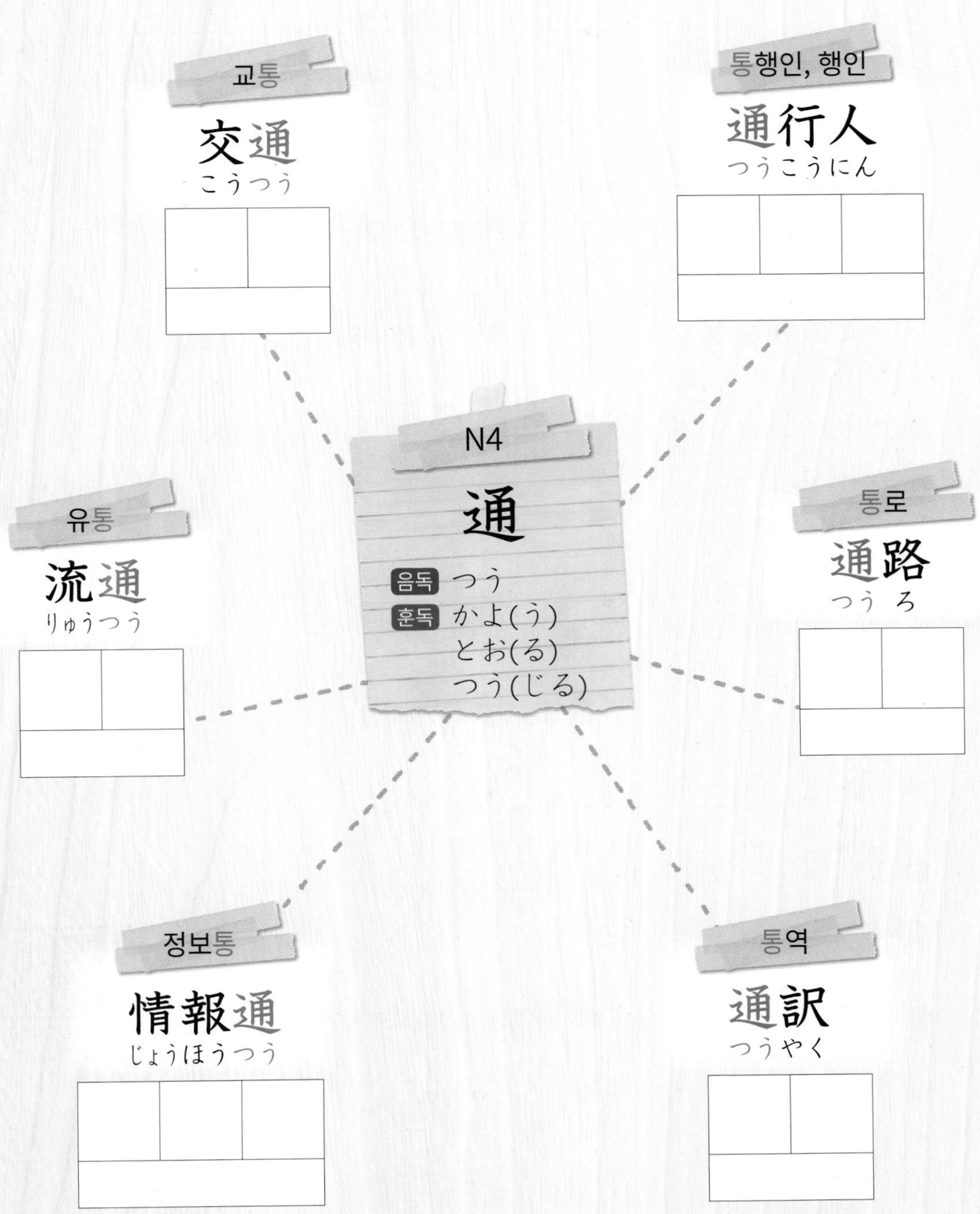

맛있는 확인 문제

1 다음 한자의 발음을 히라가나로 써 보세요. 어휘

❶ 角 ________　❷ 交番 ________

❸ 交差点 ________　❹ 今朝 ________

2 다음 (1), (2)에 순서대로 들어갈 가장 알맞은 말을 ❶~❹ 중에서 하나 고르세요. 문법

この 道(みち)を まっすぐ 行(い)く(　1　) 郵便局(ゆうびんきょく)(　2　) 見(み)えます。

❶ たら, で　❷ と, が

❸ なら, を　❹ ば, が

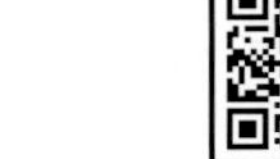

TRACK 07-05

3 다음 문장을 듣고 밑줄 친 곳에 알맞은 말을 써 보세요. 받아쓰기

❶ 昨日(きのう)、________ お腹(なか)が 痛(いた)いんです。

❷ 一緒(いっしょ)に ________ ________ 。

❸ 銀行(ぎんこう)なら 一(ひと)つ目(め)の 角(かど)を ____ ________ ________ ________ 。

TRACK 07-06

4 다음 대화를 듣고 내용에 맞는 그림을 ❶~❸ 중에서 하나 고르세요. 청취

❶ 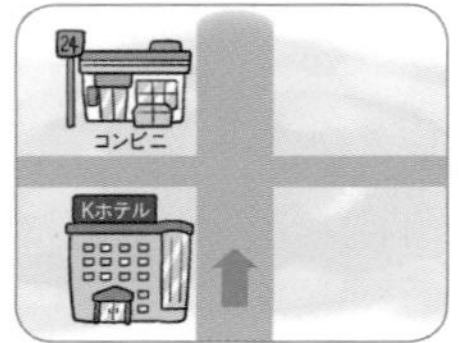

❷ 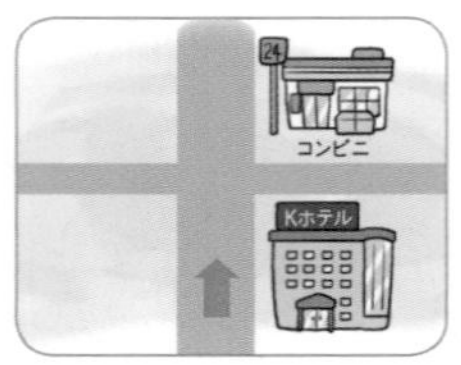

❸ 

5 다음 ___★___에 들어갈 가장 알맞은 말을 ❶~❹ 중에서 하나 고르세요. **문장 배열**

A WE銀行(ぎんこう)には どうやって 行(い)けば いいですか。

B ________ ________ ________ ___★___ あります。

❶ すぎると　❷ コンビニを　❸ 左側(ひだりがわ)に　❹ あそこの

6 다음 그림을 보고 예와 같이 써 보세요. **빈칸 채우기**

飲(の)む, 頭(あたま)

A どうしたんですか。

B 飲(の)みすぎて 頭(あたま)が 痛(いた)いんです。

❶

食(た)べる, お腹(なか)

A どうしたんですか。

B ____________ ________が 痛(いた)いんです。

❷

歌(うた)う, 喉(のど)

A どうしたんですか。

B ____________ ________が 痛(いた)いんです。

눈으로 맘껏 즐기는 일본 문화

일본의 편의점과 드러그스토어가 궁금해요

일본의 편의점

일본의 편의점에서는 기본적으로 식품 외에도 생필품, 잡지, 만화책 등을 판매하며 콘서트 티켓 구입도 가능합니다. 화장실과 주차장이 있는 곳도 있고, 복사를 할 수도 있습니다. 또한 이토인(イートイン: eat in)이라고 하는 카페와 식당 기능을 겸한 매장도 늘어나고 있습니다.

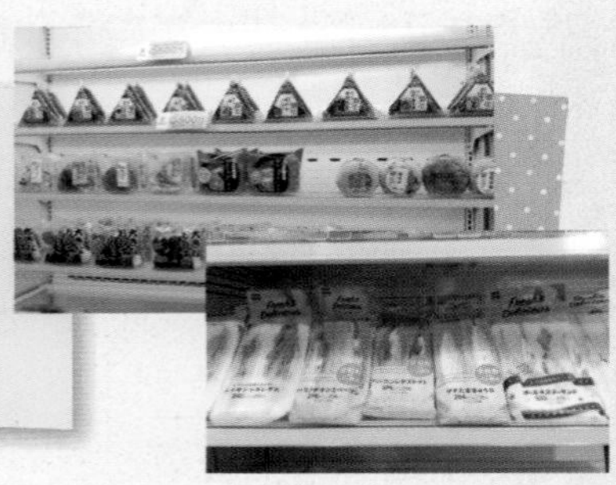

일본의 다양한 편의점 음식

일본 편의점에는 여러 종류의 주먹밥(おにぎり), 샌드위치, 도시락, 샐러드, 롤케이크, 컵스프, 라면, 빵, 아이스크림 등 다양한 먹거리와 음료가 있습니다.

일본의 약국

일본에서는 병원에서 처방받은 약은 '처방전(処方箋)'이라고 표시된 약국에서 살 수 있고, 일반 의약품은 드러그스토어(ドラッグストア: drug store)에서 살 수 있습니다.

일본의 드러그스토어(ドラッグストア)

일본의 드러그스토어에서는 건강 용품, 화장품, 일반 의약품, 식품까지 구입할 수 있기 때문에 외국인 관광객들도 자주 이용합니다.

荷物(にもつ)を 預(あず)かって もらえますか。

짐을 맡아 주시겠어요?

이번 과의 문화는?

일본의 선물 문화

출장이나 여행을 다녀올 때 사오는 선물을 '오미야게'라고 하고, 평소 신세를 졌던 지인에게 감사의 마음을 전하는 선물을 '오추겐', '오세보' 라고 합니다.

이번 과의 포인트는?

やりもらい 표현에 대해 배우고「~て あげる」,「~て くれる」,「~て もらう」표현을 활용하여 자연스럽게 말할 수 있습니다.

서로 주고 받는 표현을 말할 수 있고, 쇼핑몰 사은 행사 안내문을 보며 이해할 수 있습니다.

일본의 선물 문화와 오추겐, 오세보, 오카에시 등에 대해 알 수 있습니다.

맛있는 회화

TRACK 08-01

✲ 히로시마에 사는 친구에게서 선물을 받은 세영(セヨン)이 사토시(さとし)와 이야기하고 있습니다.

さとし　これは どこで 買(か)ったんですか。

セヨン　広島(ひろしま)に 住(す)んで いる 友達(ともだち)が 送(おく)って くれた お土産(みやげ)です。

さとし　そうですか。

セヨン　それで、私(わたし)も お礼(れい)に 韓国(かんこく)の のりを あげる つもりです。

낱말과 표현

買(か)ったんですか 샀어요?, 산 거예요? | 広島(ひろしま) 히로시마(일본 주고쿠 지방에서 가장 큰 도시) | 住(す)んで いる 살고 있다 | 送(おく)って くれた お土産(みやげ) 보내 준 선물(토산품) | それで 그래서 | ～も ~도, 역시 | お礼(れい) 답례, 감사 선물 | のり 김 | あげる (내가 상대방에게) 주다 | つもり 생각, 예정

TRACK 08-02

✲ 그레이스(グレース)가 호텔에 도착한 후 체크인 전에 짐을 맡길 수 있는지 물어보고 있습니다.

グレース	チェックインは 何時(なんじ)からですか。
フロント	2時(にじ)からです。
グレース	では、荷物(にもつ)を 預(あず)かって もらえますか。
フロント	はい。こちらに お名前(なまえ)を 書(か)いて いただけますか。

낱말과 표현

チェックイン 체크인 | 荷物(にもつ) 짐 | 預(あず)かって もらえますか 맡아 주시겠어요? | こちら 이쪽 | お名前(なまえ) 성함, 이름 | 書(か)いて いただけますか 써 주시겠습니까?

맛있는 문법

1 やりもらい 표현

나(가족) ➡ 상대방(손아랫사람)	やる / あげる 주다
	私(わたし)は 動物(どうぶつ)に えさを やりました。 저는 동물에게 먹이를 주었습니다. 私(わたし)は 友達(ともだち)に お菓子(かし)を あげました。 저는 친구에게 과자를 주었습니다.
나 ➡ 손윗사람, 손님	**さしあげる 드리다**
	私(わたし)は 社長(しゃちょう)に ワインを さしあげました。 저는 사장님께 와인을 드렸습니다. 私(わたし)は 上司(じょうし)に お土産(みやげ)を さしあげました。 저는 상사에게 여행 선물을 드렸습니다.
상대방 ➡ 나	**くれる 주다**
	先輩(せんぱい)は 私(わたし)に 花束(はなたば)を くれました。 선배는 저에게 꽃다발을 주었습니다.
손윗사람, 손님 ➡ 나	**くださる 주시다**
	先生(せんせい)は 私(わたし)に ペンを くださいました。 선생님은 저에게 펜을 주셨습니다.
제3자 ⟷ 제3자	**あげる 주다**
	田中(たなか)さんは 青山(あおやま)さんに 時計(とけい)を あげました。 다나카 씨는 아오야마 씨에게 시계를 주었습니다.
(상대방으로부터) 받다	**もらう / いただく 받다**
	私(わたし)は 鈴木(すずき)さんに メールを もらいました。 저는 스즈키 씨에게 메일을 받았습니다. 私(わたし)は 先生(せんせい)に 辞書(じしょ)を いただきました。 저는 선생님에게 사전을 받았습니다.

2 ～て あげる (상대방에게) ~해 주다

・私(わたし)は 友達(ともだち)に お弁当(べんとう)を 作(つく)って あげました。[作(つく)る]

・兄(あに)は 青山(あおやま)さんに 作品(さくひん)の 写真(しゃしん)を 撮(と)って あげました。[撮(と)る]

・私(わたし)は 彼氏(かれし)に マフラーを 編(あ)んで あげる つもりです。[編(あ)む]

3 ～て くれる / くださる (상대방이) ~해 주다 / 주시다

・秋山(あきやま)さんは 会議(かいぎ)の 内容(ないよう)を 通訳(つうやく)して くれました。[通訳(つうやく)する]

・これは 友達(ともだち)が 送(おく)って くれた プレゼントです。[送(おく)る]

・先生(せんせい)は 私(わたし)に ペンを 買(か)って くださいました。[買(か)う]

✓Check 「くださる」의 ます형은「くださいます」입니다.

えさ 먹이 | お菓子(かし) 과자 | 辞書(じしょ) 사전 | お弁当(べんとう) 도시락 | 作(つく)る 만들다 | 作品(さくひん) 작품 | 写真(しゃしん) 사진 | 撮(と)る 찍다 | マフラー 머플러, 목도리 | 編(あ)む 뜨개질하다 | 会議(かいぎ) 회의 | 内容(ないよう) 내용 | 通訳(つうやく) 통역 | 送(おく)る 보내다 | プレゼント 선물

4 ～て もらう / いただく ~해 주다 / 받다

・友達(ともだち)は 私(わたし)に 傘(かさ)を 貸(か)して くれました。

= 私(わたし)は 友達(ともだち)に 傘(かさ)を 貸(か)して もらいました。[貸(か)す]

・先生(せんせい)は 私(わたし)に 英語(えいご)を 教(おし)えて くださいました。

= 私(わたし)は 先生(せんせい)に 英語(えいご)を 教(おし)えて いただきました。[教(おし)える]

Check 서술형이 「～て もらう / いただく」인 경우에는 행위의 주체 뒤에 「に」나 「から」가 옵니다.

잠깐! TIP

「くれる・もらう」 바르게 표현하기

'가족'인 경우에는 「くださる・いただく」를 쓰지 않고 「くれる・もらう」로 '나'와 동일하게 표현합니다.

★ 父(ちち)は 私(わたし)に ノートパソコンを 買(か)って くれました。
아빠는 저에게 노트북을 사 주셨습니다.

★ 母(はは)に 部屋(へや)の 掃除(そうじ)を して もらいました。
엄마는 방 청소를 해 주셨습니다.

傘(かさ) 우산 | 貸(か)す 빌려 주다 | 英語(えいご) 영어 | 教(おし)える 가르치다 | ノートパソコン 노트북 | 部屋(へや) 방 | 掃除(そうじ) 청소

5 ~て もらえますか / いただけますか　~해 주시겠습니까?

· 荷物(にもつ)を 運(はこ)んで もらえますか。[運(はこ)ぶ]

· タクシーを 呼(よ)んで もらえますか。[呼(よ)ぶ]

· お名前(なまえ)を 書(か)いて いただけますか。[書(か)く]

잠깐! TIP

「~て もらう」의 활용 표현

「~て もらえますか」와 같은 표현으로는 「~て もらえませんか」, 「~て もらいたいです」가 있습니다. 단, 해석할 때 직역하지 않도록 주의하세요.

★ もう 一度(いちど) 説明(せつめい)して もらえませんか。
다시 한번 설명해 주시지 않겠습니까?

★ あの、教(おし)えて もらいたいんですが。
저, 가르쳐 주셨으면 하는데요.

荷物(にもつ) 짐 | 運(はこ)ぶ 옮기다, 운반하다 | タクシー 택시 | 呼(よ)ぶ 부르다, 호출하다 | お名前(なまえ) 성함, 이름 | 書(か)く 쓰다

맛있는 문장 연습

TRACK 08-03

▽ 다음 문장을 따라 말해 보세요.

1

a 私(わたし)は 彼女(かのじょ)に 花束(はなたば)を 買(か)って あげました。

저는 그녀에게 꽃다발을 사 줬습니다.

b 私(わたし)は 社長(しゃちょう)に 商品券(しょうひんけん)を さしあげました。

저는 사장님께 상품권을 드렸습니다.

2

a 友達(ともだち)は 私(わたし)に ギターを 弾(ひ)いて くれました。

친구는 저에게 기타를 쳐 주었습니다.

b 先生(せんせい)は 私(わたし)に ペンを くださいました。

선생님은 저에게 펜을 주셨습니다.

3

a タクシーを 呼(よ)んで もらえますか。

택시를 불러 주시겠습니까?

b 私(わたし)は 先生(せんせい)に 歴史(れきし)を 教(おし)えて いただきました。

선생님은 저에게 역사를 가르쳐 주셨습니다.

4

a これは 彼女(かのじょ)が 作(つく)って くれた ケーキです。

이것은 여자친구가 만들어 준 케이크입니다.

b 私(わたし)は 妹(いもうと)に 人形(にんぎょう)を 買(か)って あげる つもりです。

저는 여동생에게 인형을 사 줄 생각입니다.

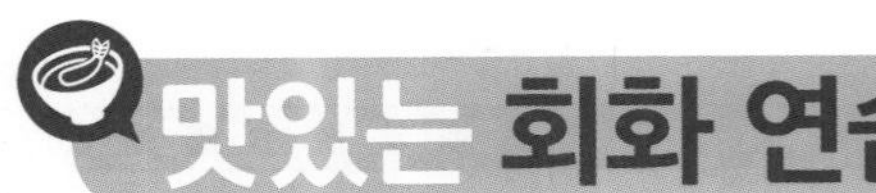

TRACK 08-04

▽ 다음은 어떤 상황에 대한 대화 내용입니다. 예와 같이 자유롭게 대화해 보세요.

A わ～! おいしそうですね。

B 私の ために 彼女が お弁当を 作って くれたんです。

A へえ～! うらやましいですね。

私も 誰かに 作って もらいたいな。

おいしい 맛있다 | 彼女 여자친구 | お弁当 도시락 | 作る 만들다 | 高い 비싸다 | 夫 남편 | 結婚記念日 결혼 기념일 | すてきだ 멋있다 | 母 엄마 | マフラー 머플러, 목도리 | 編む 뜨개질하다 | きれいだ 예쁘다 | 彼氏 남자 친구 | プロポーズ 프로포즈 | 誰か 누군가 | ～な ~하네요(감탄, 희망의 종조사)

맛있는 독해 연습

▽ 다음은 쇼핑몰 사은 행사에 대한 안내문입니다. 내용을 읽고 답해 보세요.

1 다음 밑줄 친 곳에 들어갈 알맞은 말을 쓰세요.

2万3千円 買ったら ＿＿＿＿＿＿が もらえます。

2 다음 ❶~❸ 중에서 가장 적절한 것을 하나 고르세요.

❶ 金曜日は 3万円以上 買っても 粗品を もらえません。

❷ 8月3日も 夏の バーゲンイベントが あります。

❸ イベント期間に ポイントも 積み立てて くれます。

夏 여름 | 大バーゲン 대 바겐(세일) | さらに 게다가 | ポイント 포인트 | ~倍 ~배 | お買い上げの 方 구매하신 분 | 粗品 사은품 | 以上 이상 | 傘 우산 | タオルセット 타월 세트 | 鍋セット 냄비 세트 | イベント 이벤트 | ~たら ~하면 | もらう 받다 | 期間 기간 | 積み立てる 적립하다, 쌓다 | ~て くれる ~해 주다

맛있는 한자 연습

▽ 다음 한자와 히라가나를 써 보세요.

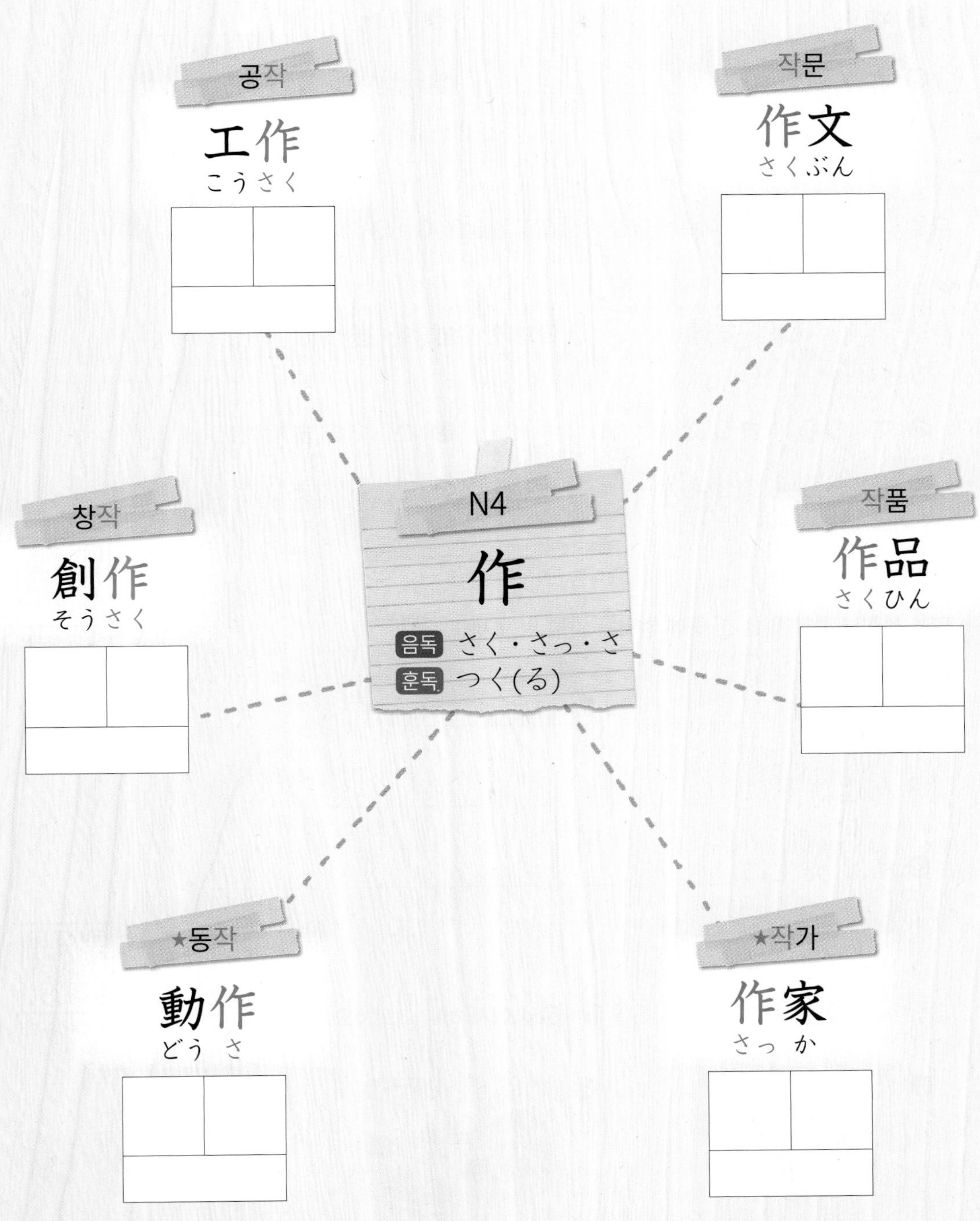

맛있는 확인 문제

1 다음 한자의 발음을 히라가나로 써 보세요. 어휘

❶ 花束 ____________　　❷ 荷物 ____________

❸ 弁当 ____________　　❹ 歴史 ____________

2 다음 (1), (2)에 순서대로 들어갈 가장 알맞은 말을 ❶~❹ 중에서 하나 고르세요. 문법

私(わたし)は 友達(ともだち)(　1　) 日本(にほん)の 雑誌(ざっし)を 送(おく)って (　2　)。

❶ に, もらいました　　❷ に, くれました

❸ を, もらえませんか　　❹ で, あげました

TRACK 08-05

3 다음 문장을 듣고 밑줄 친 곳에 알맞은 말을 써 보세요. 받아쓰기

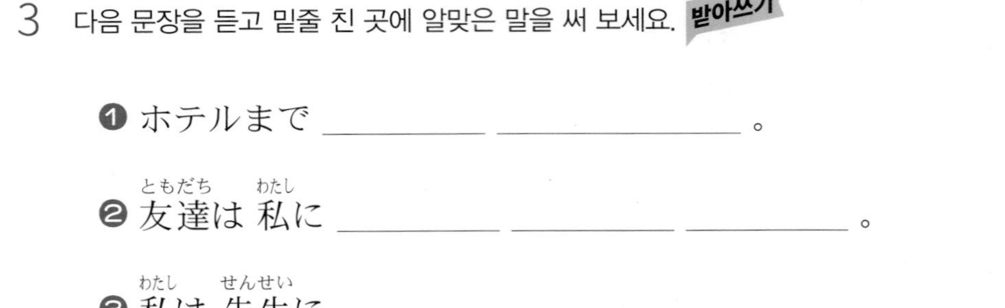

❶ ホテルまで ________ ________ 。

❷ 友達(ともだち)は 私(わたし)に ________ ________ ________ 。

❸ 私(わたし)は 先生(せんせい)に ________ ________ ________ 。

TRACK 08-06

4 다음 대화를 듣고 내용에 맞는 사진을 ❶~❸ 중에서 하나 고르세요. 청취

❶

❷ 

❸ 

5 다음 ___★___에 들어갈 가장 알맞은 말을 ❶~❹ 중에서 하나 고르세요. **문장 배열**

A 11時(じゅういちじ)までに タクシーを 呼(よ)んで もらえますか。

B はい。 ______ ___★___ ______ ______ 。

❶ 書(か)いて　❷ お名前(なまえ)を　❸ いただけますか　❹ こちらに

6 다음 그림을 보고 예와 같이 써 보세요.

예

木村(きむら)さん → 私(わたし)

木村(きむら)さんは 私(わたし)に ペンを 買(か)って くれました。

→ 私(わたし)は 木村(きむら)さんに ペンを 買(か)って もらいました。

❶

先輩(せんぱい) → 私(わたし)

先輩(せんぱい)は 私(わたし)に 歌(うた)を 歌(うた)って くれました。

→ ________________________________ 。

❷

森先生(もりせんせい) → 私(わたし)

森先生(もりせんせい)は 私(わたし)に 日本語(にほんご)を 教(おし)えて くださいました。

→ ________________________________ 。

눈으로 맘껏 즐기는 일본 문화

일본의 선물 문화가 궁금해요

오미야게(お土産)와 선물(プレゼント)

여행이나 출장 등으로 다른 지역을 다녀올 때 그 지역의 특산물을 주변 사람이나 가족에게 선물하는 것을 '오미야게(お土産)'라고 합니다. '선물(プレゼント)'은 생일이나 크리스마스 등 특별한 날에 주는 물건을 뜻합니다.

오추겐(お中元)

양력 7월 15일 또는 8월 15일 전후에 신세를 진 지인이나 친척, 직장 동료, 상사 등에게 감사의 선물을 하는 문화로 국수, 고기, 햄, 조미료, 술 등이 선물로 인기가 있습니다.

오세보(お歳暮)

신세를 진 주변 사람들에게 연말에 감사의 선물을 하는 문화입니다. 회사에 선물할 때는 상대 회사 사람들이 함께 할 수 있는 것을 골라야 하고, 개인에게 선물할 때는 가족과 함께 할 수 있는 것을 고르는 것이 좋습니다.

오카에시(お返し)

받은 선물에 대해 답례하는 것을 '오카에시(お返し)'라고 하는데, 선물을 받은 후에 상대방이 부담을 느끼지 않을 정도의 선물을 바로 또는 수일 내에 답례하는 것이 일반적입니다.

見(み)るだけで 癒(いや)されますね。

보는 것만으로 힐링되네요.

이번 과의 문화는?

일본의 전통 예술

일본의 대표적인 전통극에는 세계 무형 문화유산으로 지정되어 있는 '가부키'와 '노'와 '교겐'이 있습니다. 17음으로 된 '하이쿠'는 세상에서 가장 짧은 시로 알려져 있습니다.

이번 과의 포인트는?

동사의 수동형에 대해 배우고 일반 수동과 피해 수동 표현 및 「ために」를 활용하여 자연스럽게 말할 수 있습니다.

예기치 못한 상황에 대해 설명할 수 있고, 홈페이지 내용을 보며 정보를 이해하고 말할 수 있습니다.

일본의 전통 예술인 가부키와 하이쿠 등에 대해 알 수 있습니다.

맛있는 회화

✲ 폴(ポール)과 리나(りな)가 하코다테에 도착해서 경치를 바라보며 이야기하고 있습니다.

ポール ここからの 景色(けしき)は どこかで 見(み)た ことが ある 気(き)が します。

りな 「愛(あい)」と いう 映画(えいが)が 撮影(さつえい)された 所(ところ)なんですよ。

ポール そうですか。海(うみ)も すぐ 近(ちか)くで 見(み)られるし、景色(けしき)を 見(み)るだけで 癒(いや)されますね。

낱말과 표현

景色(けしき) 경치 | どこか 어딘가 | 見(み)た ことが ある 본 적이 있다 | 気(き)が します 느낌이 듭니다 | 愛(あい) 사랑 | ~と いう ~(이)라고 하는 | 映画(えいが) 영화 | 撮影(さつえい)された 所(ところ) 촬영된 곳 | 海(うみ) 바다 | すぐ 바로, 곧 | 近(ちか)く 근처 | 見(み)られる 볼 수 있다 | ~も ~し ~도 ~(하)고 | 見(み)るだけで 보는 것만으로 | 癒(いや)されます 힐링됩니다, 치유됩니다

TRACK 09-02

✲ 하코다테에서 사진을 많이 찍었는지 소피아(ソフィア)가 폴(ポール)에게 묻고 있습니다.

ソフィア　ポールさん、函館(はこだて)は どうでしたか。
夜景(やけい)の 写真(しゃしん)は たくさん 撮(と)れましたか。

ポール　いいえ、夜景(やけい)を 見(み)る ために 行(い)ったんですが、
雪(ゆき)に 降(ふ)られて あまり 撮(と)れなかったんです。

「函館(はこだて)」는 홋카이도 남단에 있는 항구 도시로, 하코다테산의 야경은 나폴리, 홍콩과 함께 세계 3대 야경으로 알려져 있습니다.

函館(はこだて) 하코다테(일본 홋카이도 남단에 있는 항구 도시) | どうでしたか 어땠습니까? | 夜景(やけい) 야경 | 写真(しゃしん) 사진 | たくさん 많이 | 撮(と)れましたか 찍을 수 있었습니까? | 見(み)る ために 보기 위해 | 行(い)ったんですが 갔는데, 갔습니다만 | 雪(ゆき)に 降(ふ)られて 눈이 와서 | あまり 별로, 그다지 | 撮(と)れなかったんです 찍을 수 없었어요, 못 찍었어요

1 동사의 수동형(受(う)け身(み))

분류	기본형	수동형의 활용 방법	수동형 ~해지다(해집니다), ~함을 당하다(당합니다)
1그룹 동사	言(い)う 말하다	u단 → a단 + れる ★ う로 끝나는 동사는 「あ」가 아니라 「わ」로 바뀐다는 점에 주의!	言(い)われる / 言(い)われます
	歌(うた)う 노래하다		歌(うた)われる / 歌(うた)われます
	読(よ)む 읽다		読(よ)まれる / 読(よ)まれます
	盗(ぬす)む 훔치다		盗(ぬす)まれる / 盗(ぬす)まれます
	踏(ふ)む 밟다		踏(ふ)まれる / 踏(ふ)まれます
	呼(よ)ぶ 부르다		呼(よ)ばれる / 呼(よ)ばれます
	行(い)く 가다		行(い)かれる / 行(い)かれます
	叱(しか)る 혼내다		叱(しか)られる / 叱(しか)られます
	★帰(かえ)る 돌아가(오)다	帰(かえ)る → 帰(かえ)られる	帰(かえ)られる / 帰(かえ)られます
	★入(はい)る 들어가(오)다	入(はい)る → 入(はい)られる	入(はい)られる / 入(はい)られます
2그룹 동사	見(み)る 보다	る + られる ★ 가능형과 동일	見(み)られる / 見(み)られます
	食(た)べる 먹다		食(た)べられる / 食(た)べられます
	ほめる 칭찬하다		ほめられる / ほめられます
	建(た)てる 짓다, 세우다		建(た)てられる / 建(た)てられます
3그룹 동사	来(く)る 오다	필수 암기	来(こ)られる / 来(こ)られます ★ 가능형과 동일
	する 하다		される / されます

2 일반 수동형

~해지다, ~함을 당하다

- 早(はや)く 起(お)きなさいと よく 母(はは)に 言(い)われました。[言(い)う]
- 彼女(かのじょ)に 心(こころ)が 惹(ひ)かれます。[惹(ひ)く]
- 学校(がっこう)で 先生(せんせい)に ほめられました。[ほめる]

잠깐! TIP

수동형과 가능형의 구분

2그룹 동사와 3그룹 동사「来(く)る」는 수동형과 가능형의 활용이 같습니다.
가능형 앞에 '~을/를'이 올 때는 조사「が」를 쓰고, 수동형은 그대로「を」를 씁니다.

★ 弟(おとうと)は 餅(もち)が 食(た)べられます。 남동생은 떡을 먹을 수 있습니다. → 가능
★ 弟(おとうと)に 餅(もち)を 食(た)べられました。 남동생이 떡을 먹었습니다. → 수동

3 피해 수동형

~함을 당하다
★앞에 오는 상황이 원인이 되어 좋지 않은 상황이 뒤에 오는 경우

- 雨(あめ)に 降(ふ)られて 服(ふく)が 濡(ぬ)れて しまいました。[降(ふ)る]
- 昨日(きのう) 泥棒(どろぼう)に 入(はい)られて 警察(けいさつ)を 呼(よ)びました。[入(はい)る]
- 昨日(きのう) 子供(こども)に 泣(な)かれて 全然(ぜんぜん) 寝(ね)られなかったそうです。[泣(な)く]

早(はや)く 일찍 | 起(お)きなさい 일어나세요, 일어나라 | よく 자주 | 言(い)う 말하다 | 心(こころ) 마음 | 惹(ひ)く 끌다 | ほめる 칭찬하다 | 服(ふく) 옷 | 濡(ぬ)れる 젖다 | ～て しまう ~해 버리다 | 泥棒(どろぼう) 도둑 | 入(はい)る 들어가(오)다 | 警察(けいさつ) 경찰 | 呼(よ)ぶ 부르다, 호출하다 | 子供(こども) 어린이, 아이 | 泣(な)く 울다 | 全然(ぜんぜん) 전혀 | 寝(ね)られる 잘 수 있다 | ～そうです ~라고 합니다

4 気(き)が する　　느낌이 들다

・どこかで 会(あ)った ことが ある 気(き)が します。

・この 音楽(おんがく)は 聞(き)いた ことが ある 気(き)が します。

・あの デザインは 子供(こども)っぽい 気(き)が します。

5 ～と いう　　~(이)라고 하는

・「愛(あい)」と いう 映画(えいが)が 撮影(さつえい)された 所(ところ)なんですよ。

・昨日(きのう)、『建築(けんちく)の 歴史(れきし)』と いう 本(ほん)を 読(よ)みました。

・「森(もり)の 歌(うた)」と いう コンサートへ 行(い)きました。

どこかで 어딘가에서 | ～た ことが ある ~한 적이 있다 | 音楽(おんがく) 음악 | デザイン 디자인 | 子供(こども)っぽい 애 같아 보이다 | 愛(あい) 사랑 | 撮影(さつえい) 촬영 | 所(ところ) 곳, 장소 | 建築(けんちく) 건축 | 歴史(れきし) 역사 | 森(もり) 숲 | コンサート 콘서트

6 명사 + の ために / 동사 기본형 + ために

~을/를 위해, ~하기 위해

· ダイエットの ために 運動(うんどう)して います。[ダイエット]

· 面接(めんせつ)を 受(う)ける ために 一生懸命(いっしょうけんめい) 勉強(べんきょう)して います。[受(う)ける]

· 彼女(かのじょ)との 約束(やくそく)を 守(まも)る ために たばこを やめました。[守(まも)る]

잠깐! TIP

「ために」의 다른 뜻

'~을/를 위해'라는 뜻 외에도 '~때문에'라는 뜻으로도 사용됩니다.

★ 台風(たいふう)の ため(に) 学校(がっこう)が 休(やす)みに なりました。
태풍 때문에 학교가 쉬게 되었습니다.

7 동사 기본형 + だけで

~하는 것만으로

· 景色(けしき)を 見(み)るだけで 癒(いや)されますね。[見(み)る]

· 想像(そうぞう)するだけで わくわく しますね。[想像(そうぞう)する]

· 一緒(いっしょ)に いるだけで 楽(たの)しいです。[いる]

ダイエット 다이어트 | 面接(めんせつ)を 受(う)ける 면접을 보다 | 一生懸命(いっしょうけんめい) 열심히 | 勉強(べんきょう) 공부 | 彼女(かのじょ) 그녀 | ~との ~와의 | 約束(やくそく) 약속 | 守(まも)る 지키다 | たばこを やめる 담배를 끊다 | 景色(けしき) 경치 | 癒(いや)される 힐링되다, 치유되다 | 想像(そうぞう) 상상 | わくわく する 설레다 | 楽(たの)しい 즐겁다

맛있는 문장 연습

TRACK 09-03

▽ 다음 문장을 따라 말해 보세요.

1

a 電車(でんしゃ)の 中(なか)で 足(あし)を 踏(ふ)まれました。

전철 안에서 발을 밟혔습니다.

b 先生(せんせい)に ほめられました。

선생님한테 칭찬받았습니다.

2

a この 歌(うた)は 外国(がいこく)でも 愛(あい)されて います。

이 노래는 외국에서도 사랑받고 있습니다.

b あの ビルは 5年前(ごねんまえ)に 建(た)てられました。

저 빌딩은 5년 전에 지어졌습니다.

3

a 建築(けんちく)を 習(なら)う ために 日本(にほん)へ 来(き)ました。

건축을 배우기 위해서 일본에 왔습니다.

b 映画鑑賞(えいがかんしょう)の ために チケットを 買(か)いました。

영화 관람을 위해서 티켓을 샀습니다.

4

a 一緒(いっしょ)に いるだけで 楽(たの)しいです。

함께 있는 것만으로 즐겁습니다.

b 想像(そうぞう)するだけで わくわく しますね。

상상하는 것만으로 설레네요.

맛있는 회화 연습

TRACK 09-04

▽ 다음은 어떤 상황을 설명하는 대화 내용입니다. 예와 같이 자유롭게 대화해 보세요.

・急に 雨が 降る
・服が 濡れて しまう
・また 新しい 服を 買う
・デパートに 行く

・急に 仕事を 頼む
・遅くまで 残業する
・終電に 乗る
・駅まで 走って 行く

・実は 電車で 財布を する
・困って しまう
・探す
・交番に 行く

A どうしたんですか。

B 急に 雨に 降られて 服が 濡れて しまったんです。

A それは 大変でしたね。

B それで、また 新しい 服を 買う ために デパートに 行きました。

急に 갑자기 | 服 옷 | 濡れて しまう 젖어 버리다 | また 또, 다시 | 新しい 새롭다 | 仕事 일 | 頼む 부탁하다 | 遅く 늦게 | 残業 야근, 잔업 | 終電 막차, 마지막 전철 | 走る 달리다(예외 1그룹 동사) | 実は 사실은 | 財布 지갑 | する 소매치기하다 | 探す 찾다 | 交番 파출소 | どうしたんですか 무슨 일이에요? | ために 위해서

▽ 다음은 일본의 3대 성 중 하나인 히메지성에 대한 내용입니다. 내용을 읽고 답해 보세요.

1　다음 밑줄 친 곳에 들어갈 알맞은 말을 쓰세요.

姫路城(ひめじじょう)は 江戸時代(えどじだい)に ＿＿＿＿＿＿＿＿ 。

2　다음 ❶~❸ 중에서 가장 적절한 것을 하나 고르세요.

❶ 姫路城(ひめじじょう)は 世界文化遺産(せかいぶんかいさん)に 登録(とうろく)されて いません。

❷ 姫路城(ひめじじょう)は ４００年前(よんひゃくねんまえ)に 建築(けんちく)されました。

❸ これは 姫路城(ひめじじょう)の 歴史(れきし)の 本(ほん)に ついて 説明(せつめい)して います。

姫路城(ひめじじょう) 히메지성 | ～に ついて ~에 대해서 | ユネスコ 유네스코 | 世界文化遺産(せかいぶんかいさん) 세계 문화유산 | 歴史(れきし) 역사 | 江戸時代(えどじだい) 에도 시대 | 建築物(けんちくぶつ) 건축물 | ご利用(りよう) 이용 | 案内(あんない) 안내 | 登録(とうろく) 등록 | 建築(けんちく) 건축

맛있는 한자 연습

▽ 다음 한자와 히라가나를 써 보세요.

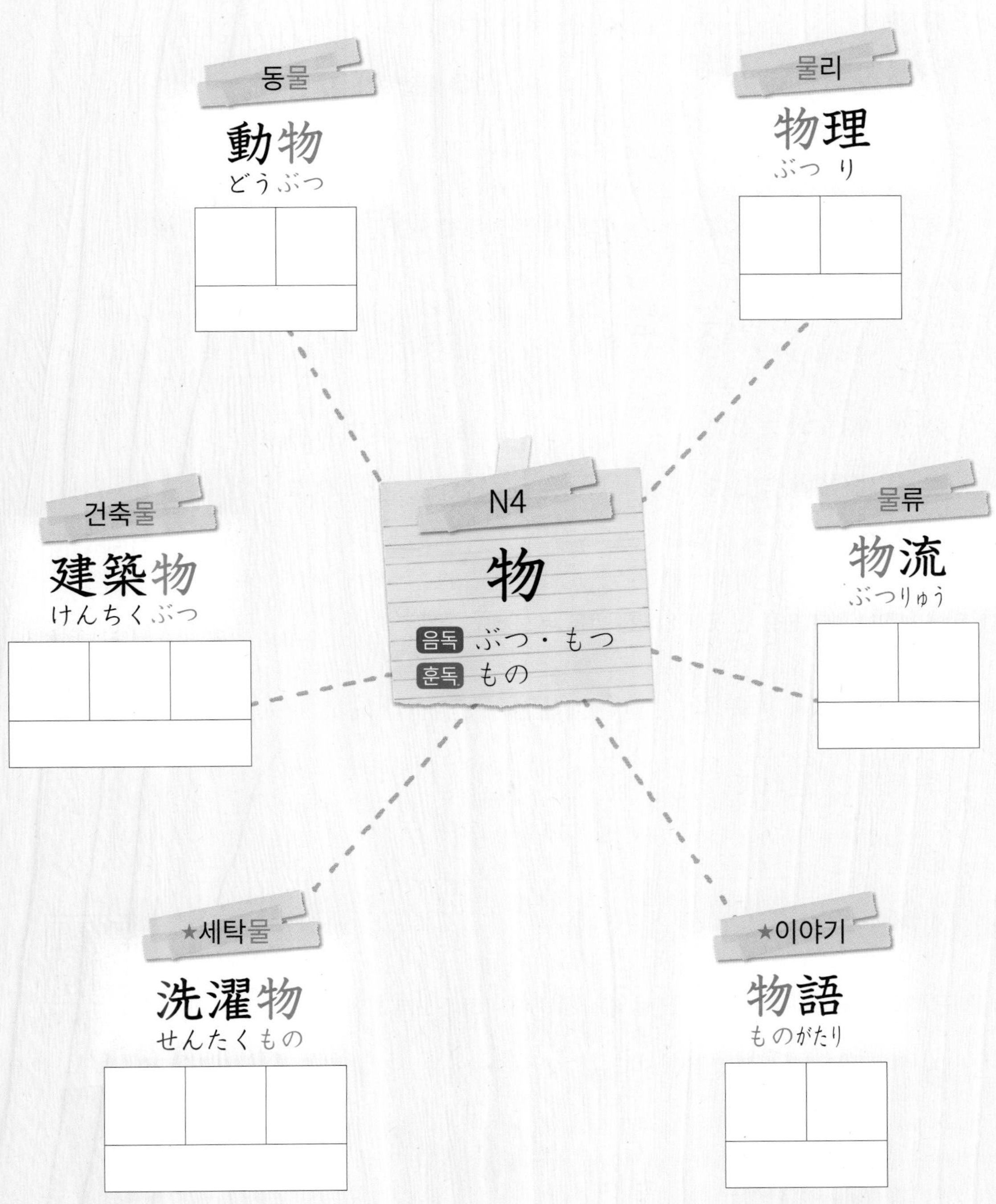

1 다음 한자의 발음을 히라가나로 써 보세요. 어휘

❶ 撮影 ____________　　❷ 財布 ____________

❸ 外国 ____________　　❹ 警察 ____________

2 다음 (1), (2)에 순서대로 들어갈 가장 알맞은 말을 ❶~❹ 중에서 하나 고르세요.

バスの中(なか)で人(ひと)(1)足(あし)を(2)。

❶ が, 頼(たの)まれました　　❷ に, 踏(ふ)まれました

❸ を, 盗(ぬす)まれました　　❹ と, 読(よ)まれました

TRACK 09-05

3 다음 문장을 듣고 밑줄 친 곳에 알맞은 말을 써 보세요. 받아쓰기

❶ この本(ほん)は英語(えいご)で ____________ ____________。

❷ 授業(じゅぎょう)に遅(おく)れて ____________ ____________。

❸ 上司(じょうし)に ____________ ____________ ____________ ____________。

TRACK 09-06

4 다음 대화를 듣고 내용에 맞는 사진을 ❶~❸ 중에서 하나 고르세요. 청취

❶ 

❷ 

❸ 

5 다음 ___★___에 들어갈 가장 알맞은 말을 ❶~❹ 중에서 하나 고르세요. **문장 배열**

A ここは テレビで 見(み)た ことが ある 気(き)が します。

B ______ ___★___ ______ ______ そうです。

❶ この　❷ 建(た)てられた　❸ ビルは　❹ １００年前(ひゃくねんまえ)に

6 다음 그림을 보고 예와 같이 써 보세요.

예

面接(めんせつ), 面接(めんせつ)を 受(う)ける

A1 面接(めんせつ)の ために 一生懸命(いっしょうけんめい) 準備(じゅんび)して います。

A2 面接(めんせつ)を 受(う)ける ために 準備(じゅんび)して います。

❶

映画鑑賞(えいがかんしょう), 映画(えいが)を 見(み)る

A1 ____________________ チケットを 買(か)いました。

A2 ____________________ チケットを 買(か)いました。

❷

海外旅行(かいがいりょこう), 海外旅行(かいがいりょこう)に 行(い)く

A1 ____________________ 英語(えいご)を 習(なら)って います。

A2 ____________________ 英語(えいご)を 習(なら)って います。

일본의 전통 예술이 궁금해요

가부키(歌舞伎)

연기, 음악, 춤으로 구성되어 있는 일본의 대표적인 전통극으로 유네스코 세계 무형 문화유산으로 지정되어 있습니다. 출연자가 모두 성인 남성이고, 여성의 역할도 남성이 연기하는 것이 특징입니다.

가부키(歌舞伎) 무대

회전무대(回り舞台)는 무대가 앞뒤로 반반 나눠져 있어 상황에 따라 회전하여 신속하게 무대의 변화를 줄 수 있습니다. 하나미치(花道)는 가부키 무대의 왼쪽 부분에서 시작되어 객석을 통과해 뒤쪽까지 연결되는 긴 통로인데, 배우들의 등장, 퇴장 용도뿐만 아니라 몰입도를 높여 주는 중요한 연기 공간입니다.

노(能)와 교겐(狂言)

노(能)는 일본에서 가장 오래된 연극으로 가면을 쓰고 연기하는 전통 가무극입니다. 교겐(狂言)은 노와 노 사이에 상연되는 것으로 일상에서 일어나는 사건을 풍자한 내용이 많습니다.

하이쿠(俳句)

5・7・5의 3구(句) 17음(音)으로 된 세상에서 가장 짧은 시라고 알려진 일본의 정형시입니다. 하이쿠에는 계절을 연상할 수 있는 말을 꼭 사용해야 하며, 마츠오 바쇼(松尾芭蕉)와 마사오카 시키(正岡子規) 등이 대표 작가입니다.

1時間(いちじかん)も 待(ま)たせられましたよ。

1시간이나 기다렸어요.

이번 과의 문화는?

일본의 입시 문화

일본에서도 대학에 진학하기 위해서는 한국의 수학능력시험과 비슷한 센터 시험을 치르게 됩니다. 입시철이 되면 합격의 의미가 담긴 오마모리 등을 선물합니다.

이번 과의 포인트는?

동사의 사역형과 사역 수동형에 대해 배우고 「～ば ～ほど」 등을 활용하여 자연스럽게 말할 수 있습니다.

상대방에게 시키거나 어쩔 수 없이 하게 된 상황에 대해 말할 수 있고, 게시판 내용을 보며 이해할 수 있습니다.

일본의 입시 문화와 합격 기원 선물에 대해 알 수 있습니다.

맛있는 회화

TRACK 10-01

✲ 민지(ミンジ)가 사토시(さとし)에게 일본어 발표 수업에 대한 고민을 이야기하고 있습니다.

ミンジ　林先生(はやしせんせい)は 授業(じゅぎょう)で いつも 日本語(にほんご)で 発表(はっぴょう)させます。

さとし　大変(たいへん)ですね。でも、すれば するほど 上手(じょうず)に なるんじゃ ないですか。

ミンジ　それは そうですが、発表(はっぴょう)の 内容(ないよう)も 覚(おぼ)えさせられますよ。

낱말과 표현

授業(じゅぎょう) 수업 | いつも 언제나, 항상 | 発表(はっぴょう)させます 발표시킵니다, 발표하게 합니다 | 大変(たいへん)ですね 힘들겠네요 | でも 하지만, 그렇지만 | すれば するほど 하면 할수록 | 上手(じょうず)に なるんじゃ ないですか 능숙해지잖아요, 능숙해지지 않습니까? | それは そうですが 그건 그렇지만 | 内容(ないよう) 내용 | 覚(おぼ)えさせられます (어쩔 수 없이) 외웁니다

TRACK 10-02

✲ 센다이의 규탄이라는 일본 음식을 보며 세영(セヨン)과 사토시(さとし)가 이야기하고 있습니다.

セヨン　おいしそう。これは 何(なん)ですか。

さとし　これは 牛(ぎゅう)タンです。牛(ぎゅう)タンと いうのは 牛(うし)の 舌(した)です。

セヨン　ええ？ 本当(ほんとう)に？

さとし　これは とても 有名(ゆうめい)ですよ。この 間(あいだ)は 牛(ぎゅう)タンの お店(みせ)で 1時間(いちじかん)も 待(ま)たせられましたよ。

「牛(ぎゅう)タン」은 센다이의 명물인 소의 혀 구이로 쫄깃쫄깃한 식감은 일본인들 사이에서도 인기가 있습니다.

낱말과 표현

おいしそう 맛있어 보인다 | 牛(ぎゅう)タン 규탄(센다이의 명물로 소의 혀 요리) | ～と いうのは ~라고 하는 것은 | 牛(うし) 소 | 舌(した) 혀 | 本当(ほんとう)に 정말로 | この 間(あいだ) 얼마 전, 요전번 | お店(みせ) 가게 | 1時間(いちじかん) 1시간 | ～も ~이나 | 待(ま)たせられました (어쩔 수 없이) 기다렸습니다

맛있는 문법

1 동사의 사역형

분류	기본형	사역형의 활용 방법	사역형 ~하게 하다(시키다) / 합니다(시킵니다)
1그룹 동사	歌う(うた) 노래하다	u단 → a단 + せる ★ う로 끝나는 동사는 「あ」가 아닌 「わ」로 바뀐다는 점에 주의!	歌わせる / 歌わせます
	読む(よ) 읽다		読ませる / 読ませます
	待つ(ま) 기다리다		待たせる / 待たせます
	書く(か) 쓰다		書かせる / 書かせます
	作る(つく) 만들다		作らせる / 作らせます
	★帰る(かえ) 돌아가(오)다	帰る(かえ) → 帰らせる(かえ)	帰らせる / 帰らせます
2그룹 동사	見る(み) 보다	る̶ + させる	見させる / 見させます
	食べる(た) 먹다		食べさせる / 食べさせます
	覚える(おぼ) 외우다		覚えさせる / 覚えさせます
3그룹 동사	来る(く) 오다	필수 암기	来(こ)させる / 来(こ)させます
	する 하다		させる / させます

- 先生(せんせい)は 私(わたし)に 作文(さくぶん)を 3つ(みっ)ずつ 書(か)かせました。[書(か)く]
- 健康(けんこう)の ために 子供(こども)に きのこを 食(た)べさせます。[食(た)べる]
- 母(はは)は 私(わたし)に 毎日(まいにち) 予習(よしゅう)と 復習(ふくしゅう)を させました。[する]

作文(さくぶん) 작문 | 3つ(みっ) 3개 | ～ずつ ~씩 | 健康(けんこう) 건강 | ～の ために ~을/를 위해서 | 子供(こども) 어린이, 아이 | きのこ 버섯 | 毎日(まいにち) 매일 | 予習(よしゅう) 예습 | 復習(ふくしゅう) 복습

2 동사의 사역 수동형

분류	기본형	사역 수동형의 활용 방법	사역 수동형 어쩔 수 없이(억지로) ~하다
1그룹 동사	歌(うた)う 노래하다	u단 → a단 + せられる a단 + される ★ す로 끝나는 동사는 「せられる」 접속만 가능	歌(うた)わせられる / 歌(うた)わされる
	読(よ)む 읽다		読(よ)ませられる / 読(よ)まされる
	待(ま)つ 기다리다		待(ま)たせられる / 待(ま)たされる
	書(か)く 쓰다		書(か)かせられる / 書(か)かされる
	行(い)く 가다		行(い)かせられる / 行(い)かされる
	作(つく)る 만들다		作(つく)らせられる / 作(つく)らされる
	話(はな)す 이야기하다		話(はな)させられる(○) / 話(はな)さされる(×)
	★帰(かえ)る 돌아가(오)다	帰(かえ)る → 帰(かえ)らせられる	帰(かえ)らせられる / 帰(かえ)らされる
2그룹 동사	見(み)る 보다	~~る~~ + させられる	見(み)させられる
	食(た)べる 먹다		食(た)べさせられる
	覚(おぼ)える 외우다		覚(おぼ)えさせられる
3그룹 동사	来(く)る 오다	필수 암기	来(こ)させられる
	する 하다		させられる

잠깐! TIP

사역형의 축약형

★ 会社(かいしゃ)の 前(まえ)で 1時間(いちじかん)も 待(ま)たせられました。[待(ま)たせる]

= 会社(かいしゃ)の 前(まえ)で 1時間(いちじかん)も 待(ま)たされました。[待(ま)たす]

회사 앞에서 1시간이나 (어쩔 수 없이) 기다렸습니다.

・部長の 代わりに 海外出張に 行かせられました(行かされました)。[行く]

・幼い 時、母に 豆を 食べさせられました。[食べる]

3 ~ば ~ほど

~하면 ~할수록

종류	접속 방법	예
な형용사	だ+ならば ~な+ほど	きれいならば きれいなほど 예쁘면 예쁠수록
い형용사	い+ければ ~い+ほど	安ければ 安いほど 싸면 쌀수록
동사	e단+ば 동사 기본형+ほど	見れば 見るほど 보면 볼수록

・歌が 上手ならば 上手なほど すてきだと 思います。[上手だ]

・駅から 遠ければ 遠いほど 家賃が 安く なります。[遠い]

・この 小説は 読めば 読むほど おもしろいです。[読む]

部長 부장 | ~の 代わりに ~대신에 | 海外出張 해외 출장 | 幼い 時 어릴 때 | 豆 콩 | 歌 노래 | 上手だ 잘하다 | すてきだ 멋지다 | 駅 역 | 遠い 멀다 | 家賃 집세 | 安く なる 싸지다 | 小説 소설 | おもしろい 재미있다

4 ~じゃ ないですか ~(이)잖아요, ~(이)지 않습니까?

· 今日(きょう)は キムさんの 誕生日(たんじょうび)じゃ ないですか。

· 引(ひ)っ越(こ)しを しない 方(ほう)が いいんじゃ ないですか。

· それは 人(ひと)に よって 違(ちが)うんじゃ ないですか。

✔ Check 명사를 제외한 형용사와 동사에 접속할 때는 앞에 「ん」을 붙여 줍니다.

5 ~と いうのは ~(이)라고 하는 것은

· 納豆(なっとう)と いうのは 大豆(だいず)から 作(つく)られた ものなんです。

· おせち料理(りょうり)と いうのは 日本(にほん)の お正月料理(しょうがつりょうり)です。

6 ~も ~이나 / ~도, 역시

· 大使館(たいしかん)の 前(まえ)で 2時間(にじかん)も 待(ま)たされました。
→ ~이나

· 私(わたし)の 趣味(しゅみ)も 映画鑑賞(えいがかんしょう)です。
→ ~도, 역시

引(ひ)っ越(こ)し 이사 | ~に よって ~에 따라서, ~에 의해서 | 違(ちが)う 다르다 | 納豆(なっとう) 낫토 | 大豆(だいず) 대두 | ~から 作(つく)られた ~로 만들어진 | おせち料理(りょうり) 오세치 요리 | お正月(しょうがつ) 설날, 정월 | 大使館(たいしかん) 대사관 | 趣味(しゅみ) 취미 | 映画鑑賞(えいがかんしょう) 영화 감상

맛있는 문장 연습

TRACK 10-03

▽ 다음 문장을 따라 말해 보세요.

1

a 私(わたし)は 子供(こども)に 野菜(やさい)ジュースを 飲(の)ませました。

저는 아이에게 채소 주스를 마시게 했습니다.

b 先生(せんせい)は 私(わたし)に 毎日(まいにち) 単語(たんご)を 覚(おぼ)えさせます。

선생님은 저에게 매일 단어를 외우게 합니다.

2

a みんなの 前(まえ)で 歌(うた)わされました。

모두의 앞에서 (어쩔 수 없이) 노래 불렀습니다.

b 先生(せんせい)に トイレの 掃除(そうじ)を させられました。

선생님 때문에 화장실 청소를 (억지로) 했습니다.

3

a それは 当(あ)たり前(まえ)じゃ ないですか。

그것은 당연하지 않습니까?

b それは 人(ひと)に よって 違(ちが)うんじゃ ないですか。

그것은 사람에 따라 다르지 않습니까?

4

a 学校(がっこう)の 前(まえ)で 1時間(いちじかん)も 待(ま)たされました。

학교 앞에서 1시간이나 (어쩔 수 없이) 기다렸습니다.

b ワンさんの 結婚式(けっこんしき)に 1000人(せんにん)も 来(き)ました。

왕 씨의 결혼식에 천 명이나 왔습니다.

맛있는 회화 연습

TRACK 10-04

▽ 다음은 어떤 상황을 설명하는 대화입니다. 예와 같이 자유롭게 대화해 보세요.

A 駅の 前で 2時間も 待たされました。

B え？ どうしてですか。

A 友達が 携帯を 忘れて 連絡できなかったんです。

B そうですか。

駅 역 | 前 앞 | 時間 시간 | 携帯 휴대폰 | 忘れる 잊다 | 連絡 연락 | 遅く 늦게 | 残業 야근, 잔업 | 同僚 동료 | 病気 병, 아픔 | 出勤できない 출근할 수 없다 | 飛行機 비행기 | キャンセル 취소 | 台風 태풍 | 欠航 결항

▽ 다음은 교실에 적혀 있는 게시판 내용입니다. 내용을 읽고 답해 보세요.

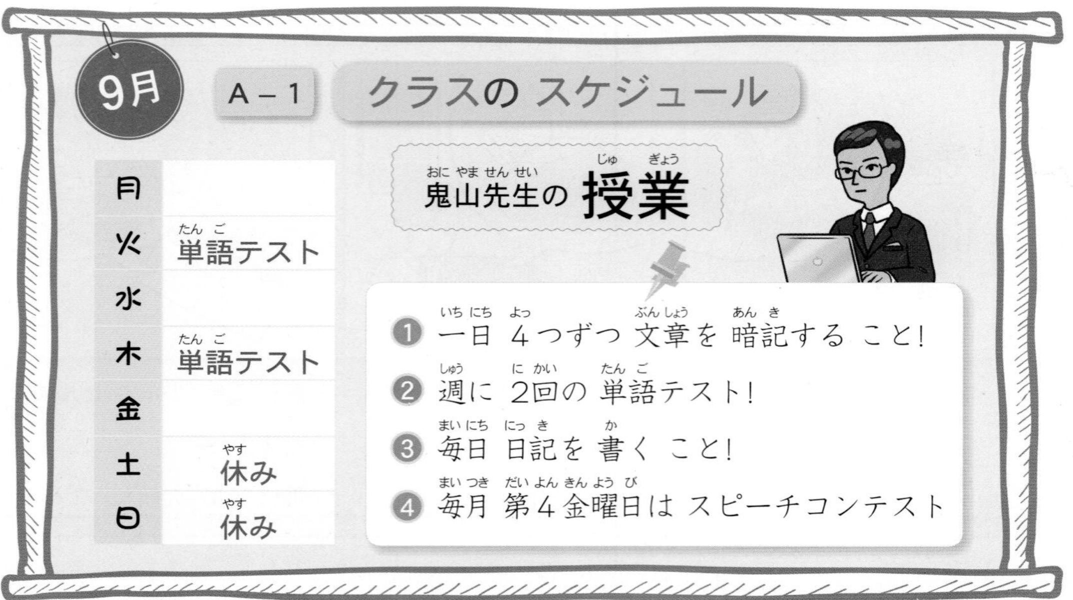

1 다음 밑줄 친 곳에 들어갈 알맞은 말을 쓰세요.

鬼山先生(おにやませんせい)は 一日(いちにち) 4(よっ)つずつ 文章(ぶんしょう)を 暗記(あんき)＿＿＿＿＿＿＿＿＿＿。

2 다음 ❶~❸ 중에서 가장 적절한 것을 하나 고르세요.

❶ 鬼山先生(おにやませんせい)は 毎日(まいにち) 日記(にっき)を 書(か)かせて います。

❷ 鬼山先生(おにやませんせい)に 毎日(まいにち) 単語(たんご)テストを 受(う)けさせられます。

❸ 毎月(まいつき) 第4金曜日(だいよんきんようび)は 4(よっ)つずつ 文章(ぶんしょう)を 覚(おぼ)えさせます。

クラス 클래스, 반 | スケジュール 스케줄 | 単語(たんご) 단어 | テスト 테스트, 시험 | 授業(じゅぎょう) 수업 | 一日(いちにち) 하루 | 4(よっ)つ 4개 | ～ずつ ~씩 | 文章(ぶんしょう) 문장 | 暗記(あんき) 암기 | 週(しゅう)に 2回(にかい) 주 2회 | 毎日(まいにち) 매일 | 日記(にっき) 일기 | 書(か)く 쓰다 | 毎月(まいつき) 매달 | 第4金曜日(だいよんきんようび) 넷째 주 금요일 | スピーチ 스피치 | コンテスト 콘테스트 | 覚(おぼ)える 외우다

맛있는 한자 연습

▽ 다음 한자와 히라가나를 써 보세요.

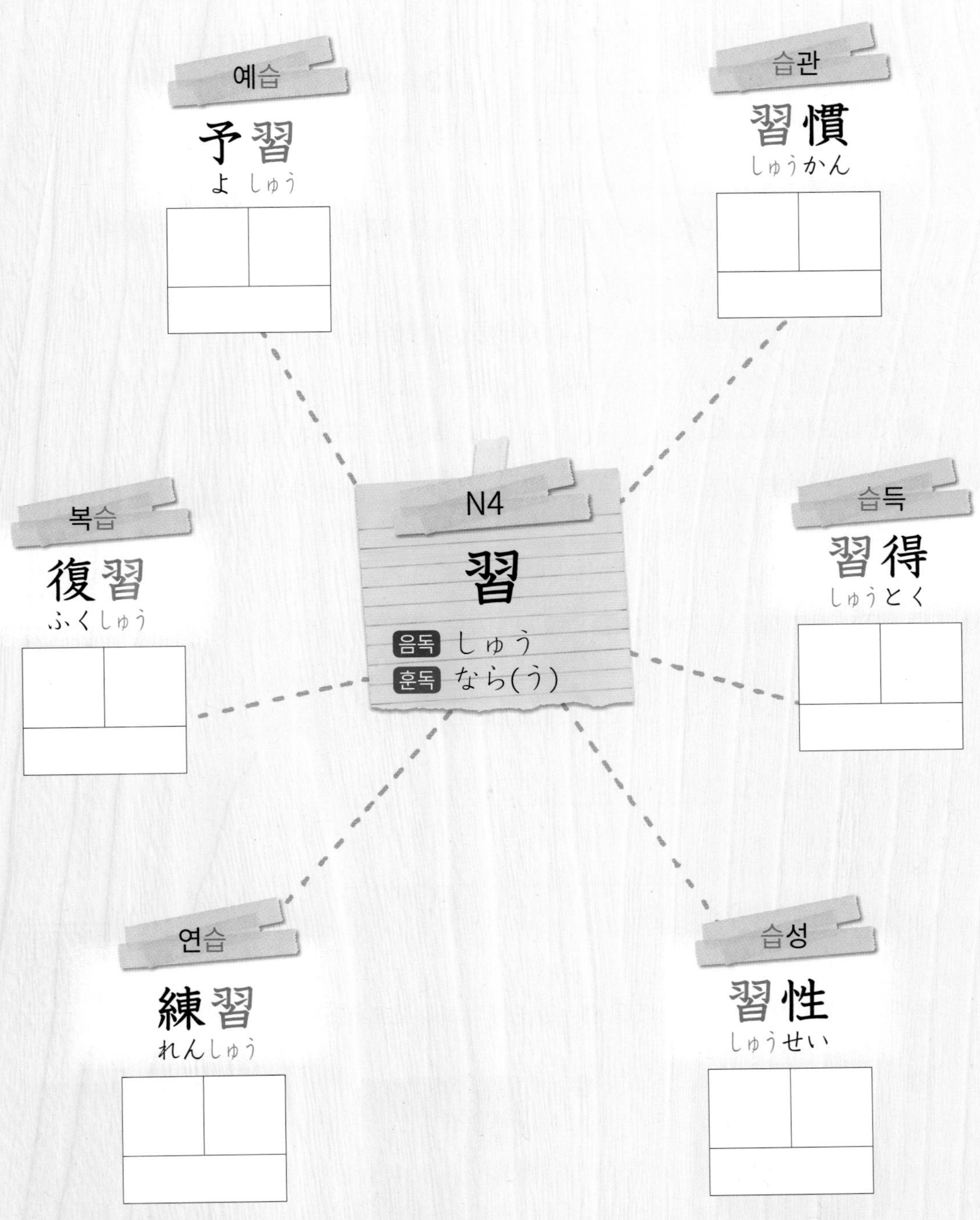

맛있는 확인 문제

1 다음 한자의 발음을 히라가나로 써 보세요. **어휘**

❶ 予習 ____________ ❷ 復習 ____________

❸ 健康 ____________ ❹ 部長 ____________

2 다음 (1), (2)에 순서대로 들어갈 가장 알맞은 말을 ❶~❹ 중에서 하나 고르세요. **문법**

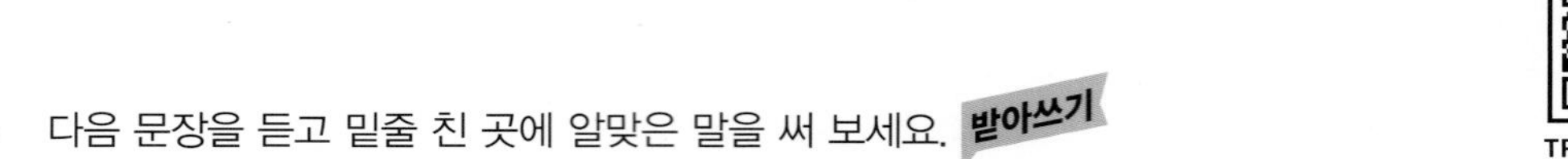

私(わたし)は 母(はは)(　1　) 部屋(へや)の 掃除(そうじ)を (　2　)。

❶ を, されました ❷ に, すられました

❸ を, させました ❹ に, させられました

TRACK 10-05

3 다음 문장을 듣고 밑줄 친 곳에 알맞은 말을 써 보세요. **받아쓰기**

❶ 先生(せんせい)は 私(わたし)に 本(ほん)を ____________ 。

❷ この 映画(えいが)は ________ ________ ____________ 。

❸ 大使館(たいしかん)の 前(まえ)で ________ ____________ 。

TRACK 10-06

4 다음 대화를 듣고 내용에 맞는 사진을 ❶~❸ 중에서 하나 고르세요. **청취**

❶

❷ 

❸ 

5 다음 ___★___에 들어갈 가장 알맞은 말을 ❶~❹ 중에서 하나 고르세요. **문장 배열**

A 山田先生は ______ ______ ______ ___★___ んです。

B ええ、本当ですか。毎日 覚えなければ ならないんですね。

❶ 受けさせる　❷ 漢字テストを　❸ 私たちに　❹ 毎日

6 다음 그림을 보고 예와 같이 써 보세요. **빈칸 채우기**

예

母, 野菜を 食べる

A1 母は 私に 野菜を 食べさせました。

A2 私は 母に 野菜を 食べさせられました。

❶

先生, 漢字を 書く

A1 ______は 私に ____________________。

A2 私は ______に ____________________。

❷

上司, 残業を する

A1 ______は 私に ____________________。

A2 私は ______に ____________________。

눈으로 맘껏 즐기는 **일본 문화**

일본의 입시 문화가 궁금해요

일본의 입시 제도

국가에서 실시하는 공통 테스트는 한국의 수학능력시험과 비슷한데, 일반적으로 7과목 정도 응시합니다. 국공립 대학은 추가로 2차 시험인 개별 학력 검사를 통해 진학하고, 일부 사립 대학은 자체 시험을 치기도 합니다.

다자이후 덴만구(太宰府天満宮)

후쿠오카(福岡)의 합격 기원 신사로 학업 성취와 합격을 기원하는 곳으로 유명하여, 이곳에 에마(絵馬)를 걸어 두고 합격을 기원하는 수험생과 가족들이 많습니다.

합격 기원 음식 돈가스(豚カツ)

일본에서는 합격 기원 음식으로 돈가스(豚カツ)를 먹는데, 이는 이길 '승(勝)'자의 훈독 발음인 「カツ」가 돈가스의 일본식 발음인 「カツ」와 같기 때문입니다.

합격 기원 선물

합격 기원 선물로 일본의 부적인 오마모리(お守り)를 줍니다. 또 문어 모양의 인형 등을 선물하기도 하는데, 문어의 영어 발음(octopus)을 일본에서는 '오쿠토파스(オクトパス)'라고 읽어 'おく(두다) + と(~하면) + パス(패스)'라고 하면 '문어를 책상 위에 두면 합격한다'라는 의미가 되기 때문입니다.

お支払いは どう なさいますか。

지불은 어떻게 하시겠습니까?

이번 과의 문화는?

일본 지폐 속 인물

일본의 화폐에는 6개의 동전과 4종류의 지폐가 있습니다. 1000엔, 5000엔, 10000엔 지폐 속에는 일본을 대표하는 인물이 나옵니다.

이번 과의 포인트는?

특별 존경어와 겸양어에 대해 배우고 「お + 동사 ます형 + ですか」를 활용하여 자연스럽게 말할 수 있습니다.

실생활에서 경어 표현을 사용하여 말할 수 있고, 식당이나 카페에서 음식을 주문하고 계산할 수 있습니다.

일본 화폐의 종류와 지폐 속 인물에 대해 알 수 있습니다.

맛있는 회화

TRACK 11-01

✲ 그레이스(グレース)가 아오모리 식당에서 메뉴를 보며 주문하고 있습니다.

店員(てんいん)　いらっしゃいませ。何名様(なんめいさま)でしょうか。

グレース　二人(ふたり)です。

店員(てんいん)　こちらへ どうぞ。メニューでございます。

- 메뉴를 보면서 -

グレース　さくら定食(ていしょく)を 二人前(ににんまえ) お願(ねが)いします。

店員(てんいん)　かしこまりました。

「青森(あおもり)」는 혼슈 최북단에 있는 현으로, 특산품인 사과를 테마로 한 뷔페 식당도 유명합니다.

店員(てんいん) 점원 | いらっしゃいませ 어서 오십시오 | 何名様(なんめいさま) 몇 분 | 二人(ふたり) 2명 | こちらへ どうぞ 이쪽으로 오세요 | メニュー 메뉴 | ～でございます ~입니다 | 定食(ていしょく) 정식 | 二人前(ににんまえ) 2인분 | お願(ねが)いします 부탁합니다 | かしこまりました 알겠습니다

TRACK 11-02

✲ 그레이스(グレース)가 식당에서 친구와 함께 식사 후 계산하고 있습니다.

グレース　すみません。お会計(かいけい) お願(ねが)いします。

店員(てんいん)　お支払(しはら)いは どう なさいますか。

グレース　カードで お願(ねが)いします。

店員(てんいん)　ポイントカードは お持(も)ちですか。

グレース　はい。

낱말과 표현

すみません 실례합니다 | 会計(かいけい) 계산, 회계 | お願(ねが)いします 부탁합니다 | お支払(しはら)い 지불 | どう 어떻게 | なさいますか 하시겠습니까? | カード 카드 | ポイントカード 포인트 카드 | お持(も)ちですか 갖고 계십니까?

1 특별 존경어・겸양어

보통어	존경어	겸양어
行(い)く　가다	いらっしゃる 가시다	伺(うかが)う / 参(まい)る 가다
来(く)る　오다	いらっしゃる / お越(こ)しになる 오시다	参(まい)る 오다
いる　있다	いらっしゃる 계시다	おる 있다
食(た)べる 먹다 / 飲(の)む 마시다	召(め)し上(あ)がる 드시다	いただく 먹다
言(い)う　말하다	おっしゃる 말씀하시다	申(もう)す 말씀드리다
見(み)る　보다	ご覧(らん)になる 보시다	拝見(はいけん)する 보다
する　하다	なさる 하시다	いたす 해 드리다
くれる 주다	くださる 주시다	×
あげる 주다	×	さしあげる 드리다
もらう 받다	×	いただく 받다
わかる 알다	×	かしこまる / 承知(しょうち)する 알다

보통어	경어	보통어	경어
人(ひと) 사람	方(かた) 분	いいですか 좋습니까?	よろしいですか 좋으십니까?
家(いえ) 집	お宅(たく) 댁	どうですか 어떻습니까?	いかがですか 어떠십니까?
何人(なんにん) 몇 명	何名様(なんめいさま) 몇 분	～です ~입니다	～でございます ~입니다
今日(きょう) 오늘	本日(ほんじつ) 오늘	あります 있습니다	ございます 있습니다

2 존경어 (상대방을 높여 말하는 말) ~하시다

· 次(つぎ)の グラフを ご覧(らん)ください。[見(み)る]

· もう 一度(いちど) おっしゃって ください。[言(い)う]

· どうぞ、召(め)し上(あ)がって ください。[食(た)べる]

3 겸양어 (자신을 낮춰 상대를 높이는 말) ~해 드리다

· はじめまして。青山(あおやま)と 申(もう)します。[言(い)う]

· エレベーターは こちらでございます。[です]

· トイレは 1階(いっかい)に ございます。[あります]

잠깐! TIP

정중의 뜻을 나타내는 「お」와 「ご」

★ お + 순수 일본어: お水(みず) 물, お名前(なまえ) 이름, お部屋(へや) 방

★ ご + 한자어: ご紹介(しょうかい) 소개, ご住所(じゅうしょ) 주소, ご案内(あんない) 안내

★ 예외: お電話(でんわ) 전화, お料理(りょうり) 요리, お時間(じかん) 시간

次(つぎ) 다음 | グラフ 그래프 | ご覧(らん)ください 봐 주십시오 | もう 一度(いちど) 다시 한번 | おっしゃる 말씀하시다 | 召(め)し上(あ)がる 드시다 | ～と 申(もう)します ~라고 합니다 | エレベーター 엘리베이터 | ～でございます ~입니다(です의 정중체) | トイレ 화장실 | 1階(いっかい) 1층 | ございます 있습니다(あります의 정중체)

4 なさいますか 하시겠습니까?

- お支払(しはら)いは カードに なさいますか。
- お部屋(へや)は シングルと ツイン、どちらに なさいますか。
- デザートは 何(なに)に なさいますか。

잠깐! TIP

특별 존경어의 **ます**형

특별 존경어를 ます형으로 바꿀 때「る」를「い」로 바꾸고「ます」를 붙이는 경우가 있습니다.

★いらっしゃる→いらっしゃいます

★おっしゃる→おっしゃいます

★なさる→なさいます

5 お + 동사 ます형 + ですか / でしょうか ~이십니까?

- ポイントカードは お持(も)ちですか。[持(も)つ]
- 何(なに)か お探(さが)しですか。[探(さが)す]
- こちらで お召(め)し上(あ)がりですか。[召(め)し上(あ)がる]

お支払(しはら)い 지불 | カード 카드 | お部屋(へや) 방, 룸 | シングル 싱글 | ツイン 트윈 | どちら 어느 쪽 | デザート 디저트 | ポイントカード 포인트 카드 | 探(さが)す 찾다 | 召(め)し上(あ)がる 드시다

그림으로 보는 경어 회화 표현 1

1

行って きます。
다녀오겠습니다.

行ってらっしゃい(ませ)。
다녀오십시오.

2

お元気ですか。
잘 지내십니까?

おかげさまで 元気です。
덕분에 잘 지냅니다.

3

エレベーターは どこですか。
엘리베이터는 어디입니까?

こちらでございます。
이쪽입니다.

4

お飲み物は どう なさいますか。
음료는 어떻게 하시겠습니까?

紅茶で お願いします。
홍차로 부탁합니다.

맛있는 문장 연습

TRACK 11-03

▽ 다음 문장을 따라 말해 보세요.

1

a 部長(ぶちょう)は いらっしゃいますか。 — 부장님은 계십니까?

→ はい、おります。/ いいえ、おりません。 — → 네, 계십니다. / 아니요, 안 계십니다.

2

a お支払(しはら)いは どう なさいますか。 — 지불은 어떻게 하시겠습니까?

→ カードで お願(ねが)いします。 — → 카드로 부탁합니다.

3

a 本日(ほんじつ)から 一泊(いっぱく)で よろしいですか。 — 오늘부터 1박입니까?

b 喫煙席(きつえんせき)と 禁煙席(きんえんせき)、どちらが よろしいですか。 — 흡연석과 금연석, 어느 쪽이 좋으십니까?

4

a 割引(わりびき)カードは お持(も)ちでしょうか。 — 할인 카드는 갖고 계십니까?

b お持(も)ち帰(かえ)りですか。 — 갖고 가십니까(포장입니까)?

맛있는 회화 연습

TRACK 11-04

▽ 다음은 선택하는 상황에 대한 대화 내용입니다. 예와 같이 자유롭게 대화해 보세요.

A お飲み物は ホットと アイス、どちらに なさいますか。

B アイスで お願いします。

A ポイントカードは お持ちでしょうか。

B いいえ、持って いません。

お飲み物 음료 | ホット 핫, 뜨거움 | アイス 아이스 | ポイントカード 포인트 카드 | デザート 디저트 | アイスクリーム 아이스크림 | チョコケーキ 초코 케이크 | 割引 할인 | クーポン 쿠폰 | お支払い 지불 | 現金 현금 | メンバーズカード 멤버십 카드 | 持って います 갖고 있습니다 | 持って いません 갖고 있지 않습니다

맛있는 독해 연습

▽ 다음은 사토나카 교수의 TV 방송 출연 영상 화면입니다. 내용을 읽고 답해 보세요.

1 다음 밑줄 친 곳에 들어갈 알맞은 말을 쓰세요.

これは 里中教授の 現代美術に ついての テレビ映像で＿＿＿＿＿＿＿＿。

2 다음 ❶~❸ 중에서 가장 적절한 것을 하나 고르세요.

❶ この 方は 10年、20年 前にも テレビに 出演なさいました。

❷ 里中教授は グラフで 説明を なさって います。

❸ この 方は 大学で 歴史を 教えて いらっしゃいます。

現代美術 현대 미술 | 歴史 역사 | 前 전 | グラフ 그래프 | 現在 현재 | 教授 교수 | ～に ついての ~에 관한 | テレビ 텔레비전 | 映像 영상 | 方 분 | 出演 출연 | 説明 설명 | 教える 가르치다

맛있는 한자 연습

▽ 다음 한자와 히라가나를 써 보세요.

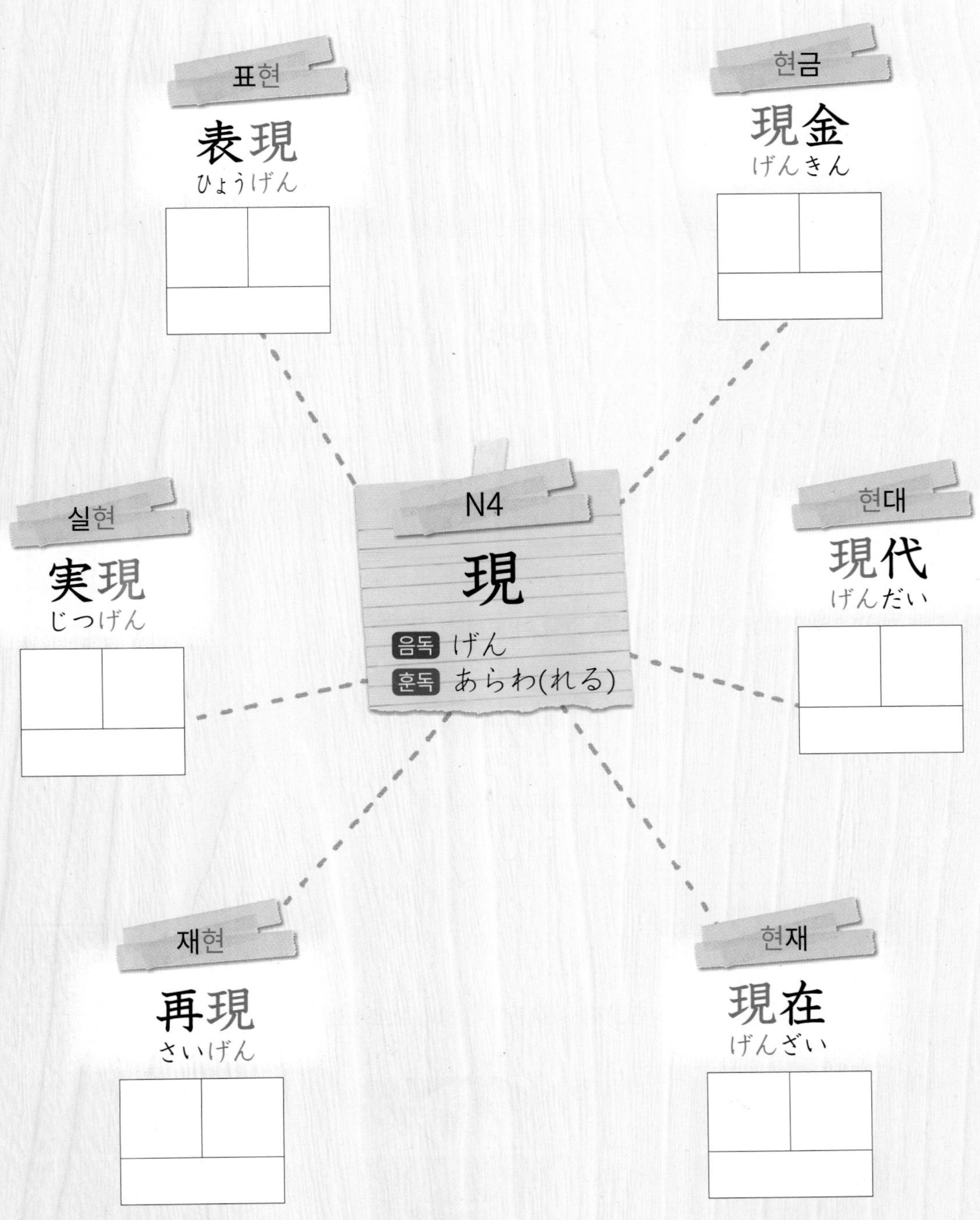

맛있는 확인 문제

1 다음 한자의 발음을 히라가나로 써 보세요. 어휘

❶ 定食 ____________ ❷ 美術 ____________

❸ 表現 ____________ ❹ 一泊 ____________

2 다음 (1), (2)에 순서대로 들어갈 가장 알맞은 말을 ❶~❹ 중에서 하나 고르세요. 문법

喫煙席(きつえんせき)(　1　)禁煙席(きんえんせき)、どちらが(　2　)。

❶ と, おっしゃいますか ❷ を, なさいますか

❸ と, よろしいですか ❹ は, いらっしゃいますか

TRACK 11-05

3 다음 문장을 듣고 밑줄 친 곳에 알맞은 말을 써 보세요. 받아쓰기

❶ お支払(しはら)いは ________ ____________ 。

❷ トイレは ____________________ 。

❸ 割引(わりびき)________ ____________ 。

TRACK 11-06

4 다음 대화를 듣고 내용에 맞는 사진을 ❶~❸ 중에서 하나 고르세요. 청취

❶ 

❷ 

❸ 

5 다음 ＿＿★＿＿에 들어갈 가장 알맞은 말을 ❶~❹ 중에서 하나 고르세요. 문장 배열

A すみません。フロントは どこに ありますか。

B ＿＿＿＿ ＿＿＿＿ ＿＿★＿＿ ＿＿＿＿。

❶ 前(まえ)に　❷ ございます　❸ エレベーターの　❹ あちらの

6 다음 그림을 보고 예와 같이 써 보세요. 

예

すしを 食(た)べる

すしを 食(た)べて ください。

→ すしを 召(め)し上(あ)がって ください。

❶

映画(えいが)を 見(み)る

この 映画(えいが)を 見(み)ましたか。

→ この 映画(えいが)を ＿＿＿＿＿＿＿＿＿＿＿＿。

❷

日本語(にほんご)を 勉強(べんきょう)する

どこで 日本語(にほんご)を 勉強(べんきょう)しましたか。

→ どこで 日本語(にほんご)を ＿＿＿＿＿＿＿＿＿＿＿＿。

눈으로 맘껏 즐기는 일본 문화

일본 지폐 속 인물이 궁금해요

일본의 화폐 종류

일본 화폐의 단위는 엔(円)이며, 동전은 1엔, 5엔, 10엔, 50엔, 100엔, 500엔의 여섯 종류가 있고, 지폐는 1000엔, 2000엔, 5000엔, 10000엔의 네 종류가 있습니다.

1000엔 지폐 속 인물 노구치 히데요(野口英世)

노구치 히데요(野口英世)는 본인처럼 몸이 힘들었던 사람들과 병든 사람들을 돕기 위해 유명한 의사가 되어 병의 원인과 치료법을 연구한 일본의 의학자입니다.

5000엔 지폐 속 인물 히구치 이치요(樋口一葉)

히구치 이치요(樋口一葉)는 일본의 여류 작가로 아사히(朝日)신문에 소설을 발표한 것을 시작으로 여성들의 삶과 고뇌를 글로 표현한 여성 소설가입니다.

10000엔 지폐 속 인물 후쿠자와 유키치(福沢諭吉)

후쿠자와 유키치(福沢諭吉)는 에도(江戸) 시대, 메이지(明治) 시대의 계몽 사상가로 강연, 언론 활동 등을 왕성히 펼치고 자연 과학과 국민 계몽의 중요성을 일깨움으로써 일본이 근대로 나아가는 데 큰 역할을 한 인물입니다.

黄色(きいろ)い線(せん)の 内側(うちがわ)で お待(ま)ちください。

노란선 안쪽에서 기다려 주십시오.

이번 과의 문화는?

일본의 연말연시

한 해의 마지막 날에는 가족끼리 모여 '도시코시소바'를 먹고, 새해 첫날에는 신사에 가서 참배를 하고 집에는 '가가미모치'와 '가도마츠'를 장식해 둡니다.

이번 과의 포인트는?

존경어와 겸양어를 만드는 방법과 자동사 및 타동사를 활용하여 자연스럽게 말할 수 있습니다.

경어 표현을 사용하여 호텔 직원에게 부탁할 수 있고, 일본어로 연하장을 쓸 수 있습니다.

일본의 연말연시 문화에 대해 알 수 있습니다.

맛있는 회화

TRACK 12-01

✲ 미야자키공항역에서 그레이스(グレース)와 폴(ポール)이 전철을 기다리고 있습니다.

案内放送(あんないほうそう) まもなく 一番線(いちばんせん)に 電車(でんしゃ)が 参(まい)ります。
危険(きけん)ですので、黄色(きいろ)い線(せん)の 内側(うちがわ)で お待(ま)ちください。

ポール グレースさん、電車(でんしゃ)が 来(く)るみたいですね。

- 함께 전철을 탄 후 -

案内放送(あんないほうそう) この 電車(でんしゃ)は 宮崎駅(みやざきえき)行(ゆ)きです。
ドアが 閉(し)まります。ご注意(ちゅうい)ください。

「青島(あおじま)」는 미야자키현에 있는 작은 섬으로, 침식 작용에 의해 생긴 '도깨비 빨래판'이라 불리는 바위가 유명합니다.

낱말과 표현

まもなく 머지 않아, 곧 | 一番(いちばん) 1번 | 線(せん) 선 | 電車(でんしゃ) 전철 | 参(まい)ります 옵니다(来(く)る의 겸양 표현) | 危険(きけん) 위험 | 黄色(きいろ)い 노랗다 | 内側(うちがわ) 안쪽 | お待(ま)ちください 기다려 주십시오 | 来(く)るみたいです 오는 것 같습니다 | 宮崎駅行(みやざきえきゆ)き 미야자키역행 | ドア 문 | 閉(し)まります 닫힙니다 | ご注意(ちゅうい)ください 주의해 주십시오

TRACK 12-02

✲ 승준(スンジュン)과 리나(りな)가 연말연시를 맞이하여 인사를 나누고 있습니다.

- 12월 31일 -

スンジュン　今年(ことし)も お世話(せわ)に なりました。

りな　よい お年(とし)を (お迎(むか)えください)。

- 1월 1일 -

りな　明(あ)けまして おめでとうございます。

スンジュン　今年(ことし)も よろしく お願(ねが)いいたします。

낱말과 표현

今年(ことし) 올해 | お世話(せわ)に なりました 신세를 졌습니다 | よい お年(とし)を (お迎(むか)えください) 한 해 잘 마무리하세요 | 明(あ)けまして おめでとうございます 새해 복 많이 받으세요 | よろしく 부디, 잘 | お願(ねが)いいたします 부탁드립니다

맛있는 문법

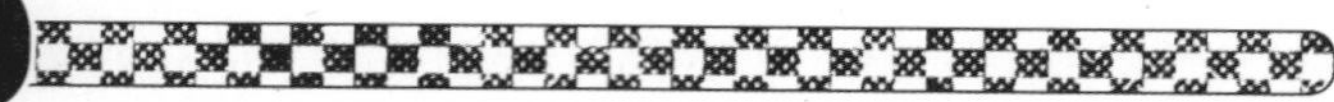

1 존경어 표현

접속 방법	예
お + 동사 ます형 + に なる ください	お書(か)きに なる 쓰시다 お書(か)きください 써 주십시오
お(ご) + 동작성 명사 + に なる ください	ご利用(りよう)に なる 이용하시다 ご利用(りよう)ください 이용해 주십시오

・この 小説(しょうせつ) お読(よ)みに なりましたか。[読(よ)む]

・お着(つ)きに なりましたら、お電話(でんわ)ください。[着(つ)く・電話(でんわ)]

・1(いち)、2(に)、3(さん)の 中(なか)から 一(ひと)つ お選(えら)びください。[選(えら)ぶ]

・熱(あつ)いですので、ご注意(ちゅうい)ください。[注意(ちゅうい)]

小説(しょうせつ) 소설 | お着(つ)きに なりましたら 도착하시면 | 電話(でんわ) 전화 | 選(えら)ぶ 선택하다 | 熱(あつ)い 뜨겁다 | 注意(ちゅうい) 주의

2 겸양어 표현

접속 방법	예
お + 동사 ます형 + します いたす	お持(も)ちします 들어 드리겠습니다 お持(も)ちいたします 들어 드리겠습니다
お(ご) + 동작성 명사 + します いたす	ご連絡(れんらく)します 연락드리겠습니다 ご連絡(れんらく)いたします 연락드리겠습니다

- 先生(せんせい)に 年賀状(ねんがじょう)を お送(おく)りします。[送(おく)る]
- お待(ま)たせいたしました。ごゆっくり どうぞ。[待(ま)たせる]
- おすすめの プランを ご紹介(しょうかい)します。[紹介(しょうかい)]
- 日本(にほん)の 文化(ぶんか)に ついて ご説明(せつめい)いたします。[説明(せつめい)]

잠깐! TIP

「いただく」를 활용한 겸양 표현

★ 本日(ほんじつ)も ご利用(りよう)いただきまして 誠(まこと)に ありがとうございます。[利用(りよう)]
오늘도 이용해 주셔서 대단히 감사합니다.

年賀状(ねんがじょう) 연하장 | 送(おく)る 보내다 | 待(ま)たせる 기다리게 하다 | ごゆっくり 푹, 느긋하게 | おすすめ 추천 | プラン 플랜, 계획 | 紹介(しょうかい) 소개 | 文化(ぶんか) 문화 | ～に ついて ~에 대하여 | 説明(せつめい) 설명

3 ～行き(行き) ~행

・この 電車は 宮崎行きです。

・彼女は 東京行きの 飛行機に 乗りました。

・京都行きの バスに 乗って ください。

4 자동사・타동사

자동사	타동사
ドアが 開きます 문이 열립니다	ドアを 開けます 문을 엽니다
ドアが 閉まります 문이 닫힙니다	ドアを 閉めます 문을 닫습니다
車が 止まります 차가 섭니다	車を 止めます 차를 세웁니다
電気が つきます 불이 켜집니다	電気を つけます 불을 켭니다

✓Check 자동사 앞에는 조사 「が」가, 타동사 앞에는 조사 「を」가 옵니다.

잠깐! TIP 자동사・타동사의 상태 표현

★ここに 車が 止まって います。[止まる]
여기에 차가 서 있습니다. → 자동사의 상태

★ここに 車が 止めて あります。[止める]
(제3자에 의해) 여기에 차가 세워져 있습니다. → 타동사의 상태

★ここに 車を 止めて います。[止める]
여기에 차를 세우고 있습니다. → 타동사의 현재 진행

電車 전철 | 彼女 그녀 | 飛行機 비행기 | バス 버스 | ～に 乗る ~을/를 타다

그림으로 보는 경어 회화 표현 2

1 少々(しょうしょう) お待(ま)ちください。

잠시만 기다려 주십시오.

2 お待(ま)たせいたしました。

오래 기다리셨습니다.

3 どうぞ、お入(はい)りください。

들어오세요.

4 お邪魔(じゃま)します。

실례하겠습니다.

5 お持(も)ちいたします。

가져다 드리겠습니다.

6 ご案内(あんない)いたします。

안내해 드리겠습니다.

맛있는 문장 연습

TRACK 12-03

▽ 다음 문장을 따라 말해 보세요.

1 🎙 ■■■

a この本(ほん)、お読(よ)みに なりましたか。

이 책, 읽으셨습니까?

b 学校(がっこう)の 生活(せいかつ)に ついて お話(はな)しします。

학교생활에 대해서 이야기해 드리겠습니다.

2 🎙 ■■■

a 渋谷駅(しぶやえき)で お乗(の)り換(か)えください。

시부야역에서 갈아타 주십시오.

b お名前(なまえ)と お電話番号(でんわばんごう)を お書(か)きください。

성함과 전화번호를 써 주십시오.

3 🎙 ■■■

a すぐに お持(も)ちいたします。

바로 가져다 드리겠습니다.

b ご案内(あんない)いたします。

안내해 드리겠습니다.

4 🎙 ■■■

a ドアが 閉(し)まります。ご注意(ちゅうい)ください。

문이 닫힙니다. 주의해 주십시오.

b 電気(でんき)を つけて ください。

불을 켜 주세요.

맛있는 회화 연습

TRACK 12-04

▽ 다음은 호텔 직원에게 부탁하는 대화 내용입니다. 예와 같이 자유롭게 대화해 보세요.

예

A ご用件(ようけん)、お伺(うかが)いいたします。

B あの、今(いま) 部屋(へや)を 掃除(そうじ)して もらえますか。

A はい、少々(しょうしょう) お待(ま)ちください。

すぐに お調(しら)べいたします。

部屋(へや) 방 | 掃除(そうじ) 청소 | 調(しら)べる 알아보다, 조사하다 | 傘(かさ) 우산 | 貸(か)す 빌려 주다 | 持(も)つ 가지다 | タクシー 택시 | 呼(よ)ぶ 부르다, 호출하다 | 駐車(ちゅうしゃ) 주차 | 案内(あんない) 안내 | 用件(ようけん) 용건 | 伺(うかが)う 여쭙다('듣다, 묻다'의 겸양어)

맛있는 독해 연습

▽ 다음은 아오키 선생님이 1월 1일에 세영이에게 받은 연하장입니다. 내용을 읽고 답해 보세요.

1 다음 밑줄 친 곳에 들어갈 알맞은 말을 쓰세요.

これは セヨン(せよん)さんが 青木先生(あおきせんせい)に お送(おく)りした ＿＿＿＿＿＿です。

2 다음 ❶~❸ 중에서 가장 적절한 것을 하나 고르세요.

❶ 新(あたら)しい 年(とし)を 迎(むか)えてから セヨン(せよん)さんが 書(か)く 予定(よてい)です。

❷ この 年賀状(ねんがじょう)は 先生(せんせい)が セヨン(せよん)さんに お書(か)きに なりました。

❸ これは 新年(しんねん)に なる 前(まえ)に 書(か)いた 年賀状(ねんがじょう)です。

明(あ)けまして おめでとうございます 새해 복 많이 받으세요 | 昨年(さくねん) 작년 | お世話(せわ)に なる 신세를 지다 | 本年(ほんねん) 올해 | よろしく 부디, 잘 | お願(ねが)いいたします 부탁드립니다 | 送(おく)る 보내다 | 新(あたら)しい 새롭다 | 年(とし) 해, 년 | 迎(むか)える 맞이하다 | 予定(よてい) 예정 | 年賀状(ねんがじょう) 연하장 | 新年(しんねん) 신년

맛있는 한자 연습

▽ 다음 한자와 히라가나를 써 보세요.

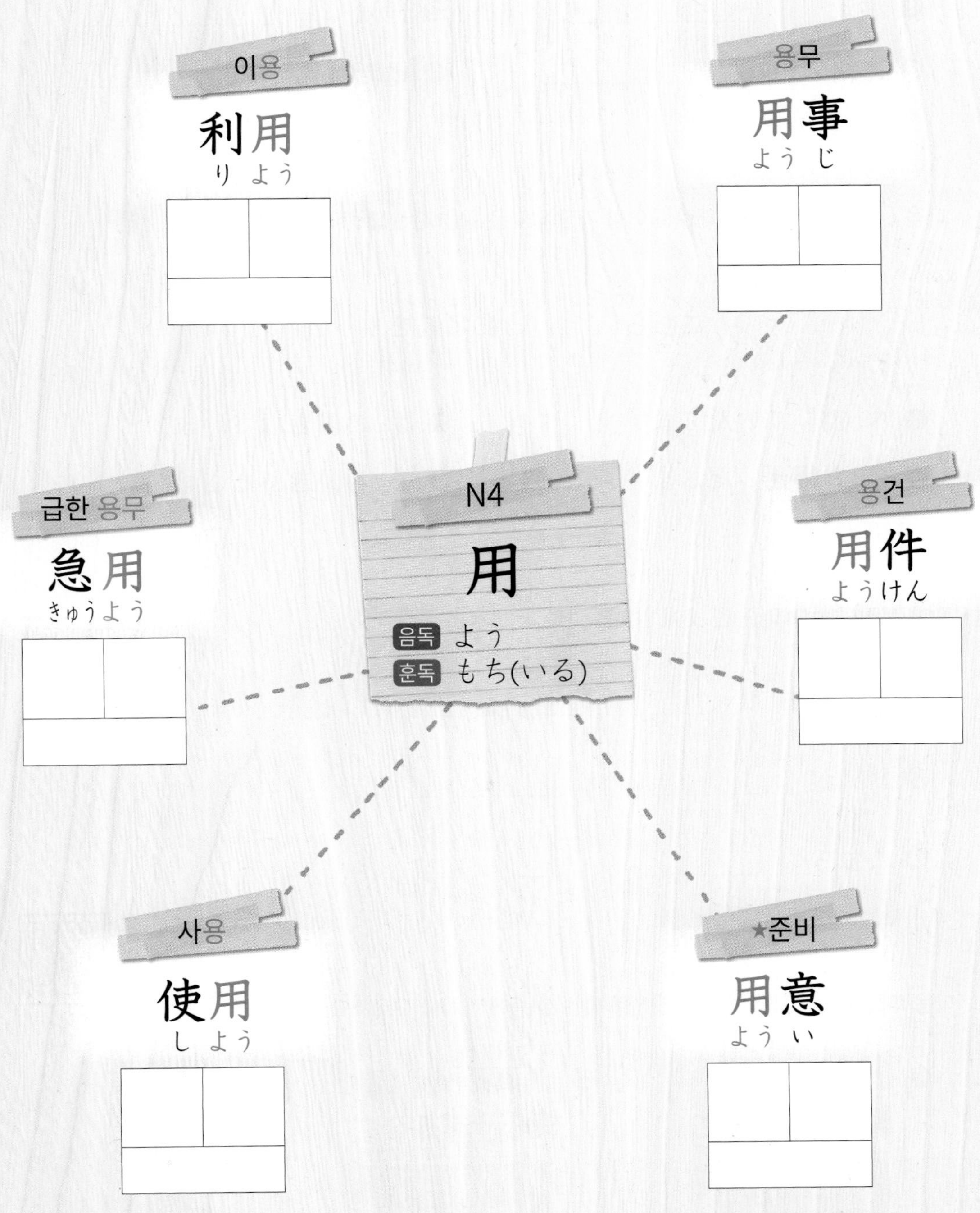

맛있는 확인 문제

1 다음 한자의 발음을 히라가나로 써 보세요. **어휘**

❶ 注意 ______________ ❷ 危険 ______________

❸ 連絡 ______________ ❹ 電話番号 ______________

2 다음 (1), (2)에 순서대로 들어갈 가장 알맞은 말을 ❶~❹ 중에서 하나 고르세요. **문법**

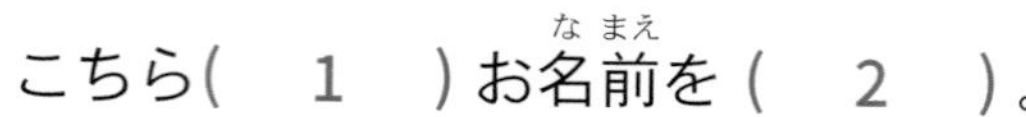

こちら(　1　)お名前(なまえ)を(　2　)。

❶ へ, 書(か)いていたします ❷ は, お書(か)きなさいます

❸ を, お書(か)きいたします ❹ に, お書(か)きください

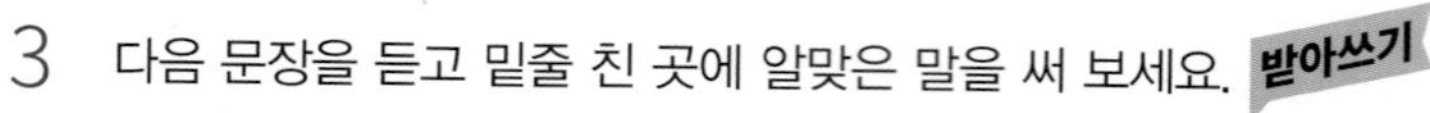

3 다음 문장을 듣고 밑줄 친 곳에 알맞은 말을 써 보세요. **받아쓰기**

TRACK 12-05

❶ ホテルまで ______________。

❷ ドアが ______________。______________。

❸ こちらへ ______________。______________。

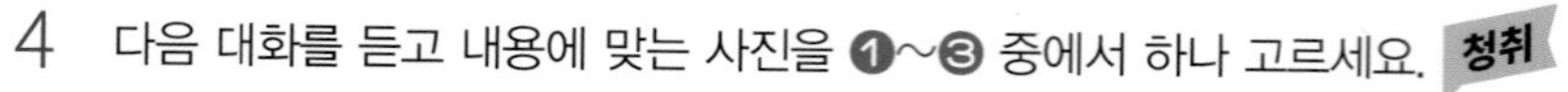

4 다음 대화를 듣고 내용에 맞는 사진을 ❶~❸ 중에서 하나 고르세요. **청취**

TRACK 12-06

❶ 1時(いちじ) / 3番出口(さんばんでぐち)

❷ 

1時(いちじ) / 1番出口(いちばんでぐち)

❸ 

3時(さんじ) / セミナー室(しつ)

5 다음 ___★___에 들어갈 가장 알맞은 말을 ❶~❹ 중에서 하나 고르세요. 문장 배열

A すみません。新宿(しんじゅく)行(ゆ)きは 何番線(なんばんせん)に 乗(の)り換(か)えますか。

B ______ ______ ___★___ ______。

❶ こちらの　❷ 新宿(しんじゅく)行(ゆ)きは　❸ お乗(の)り換(か)えください　❹ 1番線(いちばんせん)に

6 다음 그림을 보고 예와 같이 써 보세요. 빈칸 채우기

예

INFORMATION

案内(あんない)

A フロントまで 案内(あんない)して いただけますか。

B はい、ご案内(あんない)いたします。

❶

HOT

運(はこ)ぶ

A お部屋(へや)まで 荷物(にもつ)を ______________。

B はい、______________。

❷

説明(せつめい)

A 作品(さくひん)に ついて ______________。

B はい、______________。

눈으로 맘껏 즐기는 일본 문화

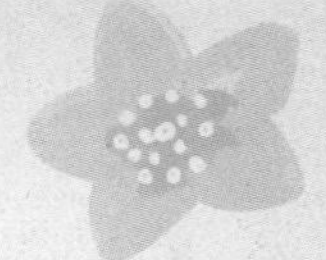

일본의 연말연시가 궁금해요

오미소카(大晦日)

12월 31일 한 해의 마지막 날을 일컫는 말로, 연말 대청소를 하고 자정이 되면 제야의 종이 108번 울립니다. 이날에는 온 가족이 모여서 도시코시소바(年越しそば)를 먹는데, 여기에는 긴 국수처럼 오래 살기를 기원하는 의미가 있습니다.

하츠모데(初詣)

새해 첫 참배를 뜻하는 말로, 1월 1일에 신사나 절에 가서 가족의 건강과 행복을 기원합니다. 가장 많이 찾는 곳이 도쿄의 메이지신궁(明治神宮)입니다.

가가미모치(鏡餅)

크고 작은 두 개의 동글납작한 하얀 찰떡을 말합니다.

가도마츠(門松)

새해에 현관이나 출입문 옆에 두어 건강과 장수를 기원하는 소나무와 대나무로 만든 장식물을 말합니다.

오토시다마(お年玉)

세뱃돈으로, 봉투에 넣어 아이들에게 새해 선물로 줍니다.

오조니(お雑煮)

일본식 떡국으로, 관동 지방에서는 간장 국물에 네모난 모양의 떡을 넣고, 관서 지방에서는 미소(일본식 된장) 국물에 둥근 모양의 떡을 넣습니다.

권말 부록

1 (맛있는 회화) 해석

2 (맛있는 독해 연습) 정답

3 (맛있는 확인 문제) 정답

4 (워크북) 맛있는 작문 연습 정답

1 맛있는 회화 해석

02

본책 30쪽

✲ 승준과 리나가 고베에서 하는 회사 동료의 결혼식에 대해 이야기하고 있습니다.

승준　아오야마 씨, 토요일은 길이 막히니까
버스를 타지 않는 편이 좋겠네요.

리나　그렇겠네요. 12시까지 가지 않으면 안 되기 때문에 늦지 마세요.

승준　네, 알겠습니다.

02

본책 31쪽

✲ 세영과 사토시가 일본의 결혼식 영상을 보면서 복장에 대해 이야기하고 있습니다.

세영　다나카 씨, 일본 결혼식에는 기모노를 입지 않으면 안 됩니까?

사토시　아니요, 입지 않아도 됩니다.
하지만 여자는 흰옷을 입지 않는 편이 좋습니다.

03

본책 44쪽

✲ 폴이 가고시마에 갈 수 없는 상황에 대해 그레이스와 이야기하고 있습니다.

폴　이번 오봉 휴가는 가고시마에 놀러 갈 수 없게 되었습니다.

그레이스　에~, 왜요?

폴　해외 출장을 가지 않으면 안 되거든요.
친구도 같이 가고 싶어 하고 있었는데요.

그레이스　정말로 아쉽네요.

03

본책 45쪽

✻ 민지가 사토시에게 골든위크 축제에 함께 가자고 이야기하고 있습니다.

민지　축제에 갈 생각인데, 같이 가지 않을래?

사토시　응. 하지만 연휴라서 사람이 많을지도 몰라.
작년에도 사람이 많아서 전철을 탈 수 없었고,
만원이라서 3대나 전철을 보냈어.

민지　에~, 정말? 믿을 수 없어.

04

본책 58쪽

✻ 세영과 사토시가 벚꽃을 보며 서로의 계획에 대해 이야기하고 있습니다.

세영　벚꽃이 피기 시작했습니다.
저는 오후부터 친구와 꽃구경 가려고 합니다.

사토시　부럽네요. 저는 시험이 있어서 열심히 공부하려고 합니다.

04

본책 59쪽

✻ 다카마츠 우동 버스 투어를 예약해 놓은 그레이스가 비가 계속 내려서 걱정하고 있습니다.

그레이스　내일은 우동 버스 투어에 참가하려고 합니다만, 쭉 비가 계속 내리고 있네요.

폴　그래도 버스로 가니까 걱정하지 마세요.

그레이스　그럴까요?
내일은 8시 출발이니까 빨리 자려고 합니다.

05

본책 72쪽

✻ 나고야에 출장을 가게 된 승준이 리나와 이야기하고 있습니다.

승준　다음 달 나고야로 출장 가게 되었습니다.
　　　나고야는 무엇이 유명합니까?

리나　미소카츠가 유명하다고 합니다.

- 미소카츠 사진을 보면서 -

승준　맛있을 것 같아요.

05

본책 73쪽

✻ 폴과 소피아가 비가 올 것 같은 날씨를 보며 이야기하고 있습니다.

폴　지금이라도 비가 내릴 것 같아요.

소피아　그렇네요.
　　　일기예보에 의하면 최근 장마에 접어들었다고 하네요.

폴　그렇습니다.
　　　그래서 저는 여행을 연기하기로 했습니다.

06

본책 86쪽

✻ 리나가 승준에게 발표 준비는 잘 되어 가고 있는지 묻고 있습니다.

리나　이 씨, 발표 준비로 바쁜 거 같네요.
　　　잘 되어 가고 있습니까?

승준　네, 벌써 끝냈습니다.

리나　에~, 벌써 준비가 끝났나요?
　　　과연 이 씨답네요.

06

본책 87쪽

✻ 소피아와 승준이 시라카와고의 눈 쌓인 사진을 보며 이야기하고 있습니다.

소피아　와~! 마치 동화 속에 나오는 곳 같네요.

승준　그렇네요. 꽤 유명한 것 같아요.

소피아　다카야마에서 얼마나 걸립니까?

승준　버스로 1시간밖에 걸리지 않습니다.

소피아　네? 1시간만입니까? 생각했던 것보다 가깝네요.

07

본책 100쪽

✻ 배가 아파서 오후 일정을 못 가게 된 승준이 약국을 찾고 있습니다.

승준　어제 너무 많이 먹어서 배가 아프거든요.
드러그스토어는 어디죠?

리나　드러그스토어라면 우체국 근처에 있어요.
괜찮나요?
같이 갈 수 있으면 좋았을 텐데…….

07

본책 101쪽

✻ 세영이 행인에게 구마모토성에 가는 길을 묻고 있습니다.

세영　구마모토성에는 어떻게 가면 됩니까?

행인　저, 이 길을 곧장 가면 편의점이 보입니다.
편의점 앞을 지나서 첫 번째 모퉁이를 오른쪽으로 도세요.
만약 모르면 또 다른 사람에게 물어보세요.

08

본책 114쪽

✻ 히로시마에 사는 친구에게서 선물을 받은 세영이 사토시와 이야기하고 있습니다.

사토시　이것은 어디에서 샀어요?

세영　히로시마에 살고 있는 친구가 보내 준 선물입니다.

사토시　그렇습니까?

세영　그래서 저도 답례로 한국 김을 줄 생각입니다.

08

본책 115쪽

✻ 그레이스가 호텔에 도착한 후 체크인 전에 짐을 맡길 수 있는지 물어보고 있습니다.

그레이스　체크인은 몇 시부터입니까?

프런트　2시부터입니다.

그레이스　그럼 짐을 맡아 주시겠어요?

프런트　네. 이쪽에 성함을 써 주시겠습니까?

09

본책 128쪽

✻ 폴과 리나가 하코다테에 도착해서 경치를 바라보며 이야기하고 있습니다.

폴　여기에서의 경치는 어딘가에서 본 적이 있는 느낌이 듭니다.

리나　'사랑'이라고 하는 영화가 촬영되었던 곳이에요.

폴　그렇습니까? 바다도 바로 근처에서 보이고,
경치를 보는 것만으로 힐링되네요.

09 본책 129쪽

✲ 하코다테에서 사진을 많이 찍었는지 소피아가 폴에게 묻고 있습니다.

소피아　폴 씨, 하코다테는 어땠습니까?
야경 사진은 많이 찍을 수 있었습니까?

폴　아니요, 야경을 보기 위해서 갔는데,
눈이 와서 별로 못 찍었어요.

10 본책 142쪽

✲ 민지가 사토시에게 일본어 발표 수업에 대한 고민을 이야기하고 있습니다.

민지　하야시 선생님은 수업에서 언제나 일본어로 발표시킵니다.

사토시　힘들겠네요. 하지만 하면 할수록 능숙해지잖아요?

민지　그건 그렇지만, 발표 내용도 (어쩔 수 없이) 외워요.

10 본책 143쪽

✲ 센다이의 규탄이라는 일본 음식을 보며 세영과 사토시가 이야기하고 있습니다.

세영　맛있겠다. 이것은 무엇입니까?

사토시　이것은 규탄입니다. 규탄이라고 하는 것은 소의 혀입니다.

세영　네? 정말로요?

사토시　이것은 정말로 유명해요.
얼마 전에는 규탄 가게에서 1시간이나 (어쩔 수 없이) 기다렸어요.

11

본책 156쪽

✲ 그레이스가 아오모리 식당에서 메뉴를 보며 주문하고 있습니다.

점원　　어서 오십시오. 몇 분입니까?

그레이스　두 명입니다.

점원　　이쪽으로 오세요. 메뉴입니다.

- 메뉴를 보면서 -

그레이스　사쿠라 정식 2인분 부탁합니다.

점원　　알겠습니다.

본책 157쪽

✲ 그레이스가 식당에서 친구와 함께 식사 후 계산하고 있습니다.

그레이스　실례합니다. 계산 부탁합니다.

점원　　지불은 어떻게 하시겠습니까?

그레이스　카드로 부탁합니다.

점원　　포인트 카드는 갖고 계십니까?

그레이스　네.

12

본책 170쪽

✲ 미야자키공항역에서 그레이스와 폴이 전철을 기다리고 있습니다.

안내 방송　곧 1번선에 전철이 들어옵니다.
위험하니까 노란선 안쪽에서 기다려 주십시오.

폴　그레이스 씨, 전철이 오는 것 같아요.

- 함께 전철을 탄 후 -

안내 방송　이 전철은 미야자키역행입니다.
문이 닫힙니다. 주의해 주십시오.

12

본책 171쪽

✲ 승준과 리나가 연말연시를 맞이하여 인사를 나누고 있습니다.

- 12월 31일 -

승준　올해도 신세를 졌습니다.

리나　한 해 잘 마무리하세요.

- 1월 1일 -

리나　새해 복 많이 받으세요.

승준　올해도 잘 부탁드립니다.

2 맛있는 독해 연습 정답

02

본책 38쪽

1 しなければ

2 ①

03

본책 52쪽

1 できます

2 ③

04

본책 66쪽

1 行(い)こう

2 ②

05

본책 80쪽

1 会(あ)う

2 ①

06

본책 94쪽

1 好(す)きな

2 ③

07

본책 108쪽

1 Kホテル

2 ②

08

본책 122쪽

1 タオルセット

2 ③

09

본책 136쪽

1 建(た)てられました

2 ②

10

본책 150쪽

1 させます

2 ①

11

본책 164쪽

1 ございます

2 ②

12

본책 178쪽

1 年賀状(ねんがじょう)

2 ③

3 맛있는 확인 문제 정답

02

본책 40-41쪽

1 ❶ けっこんしき　❷ はっぴょう
❸ おとこ　❹ とうちゃく

2 ③

3 ❶ までに
❷ 聞(き)かない 方(ほう)が いいです
❸ 吸(す)わないで ください

듣기 대본

❶ 卒業式(そつぎょうしき)は 10時(じゅうじ)までに 行(い)かなければ ならない。

❷ この 音楽(おんがく)は 聞(き)かない 方(ほう)が いいです。

❸ ここで たばこを 吸(す)わないで ください。

해석

❶ 졸업식은 10시까지 가지 않으면 안 된다.

❷ 이 음악은 듣지 않은 편이 좋습니다.

❸ 여기에서 담배를 피지 마세요.

4 ①

듣기 대본

男(おとこ)の 人(ひと)と 女(おんな)の 人(ひと)が 話(はな)して います。

▶ 女(おんな)の 人(ひと)は 明日(あした) どんな 服(ふく)を 着(き)て 行(い)きますか。

A 明日(あした)の 卒業写真(そつぎょうしゃしん)は どんな 服(ふく)を 着(き)ますか。

B 男(おとこ)の 人(ひと)は スーツを 着(き)なければ なりません。
女(おんな)の 人(ひと)は……。

A スカートを はかなくても いいですか。

B はい。スカートを はかなくても いいですが、スーツを 着(き)なければ なりません。

A はい、わかりました。

B 明日(あした)は 1時(いちじ)までに 到着(とうちゃく)しなければ ならないので、遅(おく)れないで ください。

A はい。

▶ 女(おんな)の 人(ひと)は 明日(あした) どんな 服(ふく)を 着(き)て 行(い)きますか。

해석

남자와 여자가 이야기하고 있습니다.

▶ 여자는 내일 어떤 옷을 입고 갑니까?

A 내일 졸업 사진은 어떤 옷을 입습니까?

B 남자는 정장을 입지 않으면 안 됩니다.
여자는…….

A 스커트를 입지 않아도 됩니까?

B 네. 스커트를 입지 않아도 됩니다만,
정장을 입지 않으면 안 됩니다.

A 네, 알겠습니다.

B 내일은 1시까지 도착하지 않으면 안 되기 때문에 늦지 마세요.

A 네.

▶ 여자는 내일 어떤 옷을 입고 갑니까?

5 ④

6 ❶ 朝(あさ) 早(はや)く 起(お)きなければ
❷ 会議(かいぎ)の 準備(じゅんび)を しなくても

03 본책 54-55쪽

1 ❶ きょねん　❷ れんきゅう
❸ やさい　❹ りゅうがく

2 ③

3 ❶ 多くて
❷ 行きたがって
❸ できないかも しれません

듣기 대본

❶ 人が 多くて 入れなかったよ。
❷ 妹も 一緒に 行きたがって います。
❸ 青山さんは 運転が できないかも しれません。

해석

❶ 사람이 많아서 들어갈 수 없었어.
❷ 여동생도 함께 가고 싶어 합니다.
❸ 아오야마 씨는 운전을 못할지도 모릅니다.

4 ②

듣기 대본

男の 人と 女の 人が 話して います。

▶ 2人は いつ 遊びに 行きますか。

A お盆休みに 遊びに 行きませんか。

B 私も 行きたいんですが、お盆休みは １３日からでしょう。う~ん、私は バイトで 行けないかも しれません。

A それなら 週末は どうですか。

B 連休だから どこに 行っても 人が 多いかも しれませんよ。

A そうですね。来週の 水曜日は どうですか。

B いいですね。１８日に バイトが 終わるので、遊びに 行けます。

A よかったです。それじゃ、その 時に。

▶ 2人は いつ 遊びに 行きますか。

해석

남자와 여자가 이야기하고 있습니다.

▶ 두 사람은 언제 놀러 갑니까?

A 오봉 휴가에 놀러 가지 않겠습니까?

B 저도 가고 싶은데요, 오봉 휴가는 13일부터죠. 음, 저는 아르바이트로 갈 수 없을지도 모릅니다.

A 그렇다면 주말은 어떻습니까?

B 연휴라서 어디에 가도 사람이 많을지도 몰라요.

A 그렇네요. 다음 주 수요일은 어떻습니까?

B 좋네요. 18일에 아르바이트가 끝나서 놀러 갈 수 있습니다.

A 잘됐네요. 그럼, 그때 (만나요).

▶ 두 사람은 언제 놀러 갑니까?

5 ①

6 ❶ 弾けないです
❷ 覚えられないです

04 본책 68-69쪽

1 ❶ さくら ❷ ちかてつ

❸ さんか ❹ いっしょうけんめい

2 ①

3 ❶ 乗(の)ろう

❷ 降(ふ)り続(つづ)いて いますね

❸ 参加(さんか)しようと 思(おも)って います

듣기 대본

❶ バスより 電車(でんしゃ)の 方(ほう)が 早(はや)いから 電車(でんしゃ)に 乗(の)ろう。

❷ 雨(あめ)が ずっと 降(ふ)り続(つづ)いて いますね。

❸ 佐藤(さとう)さんと 学校(がっこう)の 行事(ぎょうじ)に 参加(さんか)しようと 思(おも)って います。

해석

❶ 버스보다 전철 쪽이 빠르니까 전철을 타자.

❷ 비가 쭉 계속 내리고 있네요.

❸ 사토 씨와 학교 행사에 참가하려고 합니다.

4 ③

듣기 대본

男(おとこ)の 人(ひと)と 女(おんな)の 人(ひと)が 話(はな)して います。

▶ 男(おとこ)の 人(ひと)は 大学(だいがく)を 卒業(そつぎょう)してから 何(なに)を する つもりですか。

A 大学(だいがく)を 卒業(そつぎょう)してから 何(なに)を する つもりですか。

B 私(わたし)は フランスへ 行(い)って デザインを 勉強(べんきょう)しようと 思(おも)って います。それで、最近(さいきん) フランス語(ご)を 習(なら)い始(はじ)めたんですよ。

A そうですか。いつ 行(い)くんですか。

B 9月(くがつ)に 行(い)こうと 思(おも)って います。

A そうですか。私(わたし)は 銀行(ぎんこう)に 就職(しゅうしょく)しようと 思(おも)って 最近(さいきん) 試験(しけん)の 準備(じゅんび)を して います。

B え～、試験(しけん)を 受(う)けなければ ならないんですか。

A はい、試験(しけん)が 終(お)わってからは 面接(めんせつ)の 準備(じゅんび)を しようと 思(おも)って いるんですよ。

B じゃ、頑張(がんば)って ください。

▶ 男(おとこ)の 人(ひと)は 大学(だいがく)を 卒業(そつぎょう)してから 何(なに)を する つもりですか。

해석

남자와 여자가 이야기하고 있습니다.

▶ 남자는 대학을 졸업하고 나서 무엇을 할 예정입니까?

A 대학을 졸업하고 나서 무엇을 할 예정입니까?

B 저는 프랑스에 가서 디자인을 공부하려고 합니다. 그래서 최근 프랑스어를 배우기 시작했어요.

A 그렇습니까? 언제 가나요?

B 9월에 가려고 합니다.

A 그렇습니까? 저는 은행에 취직하려고 해서 최근 시험 준비를 하고 있습니다.

B 에~, 시험을 보지 않으면 안 되나요?

A 네, 시험이 끝나고 나서는 면접 준비를 하려고 해요.

B 그럼, 열심히 하세요.

▶ 남자는 대학을 졸업하고 나서 무엇을 할 예정입니까?

5 ①

6 ❶ 同僚(どうりょう)と コーヒーを 飲(の)もうと

❷ アメリカに 留学(りゅうがく)しようと

05   본책 82-83쪽

1 ❶ ゆうだち ❷ つゆ

❸ しょくどう ❹ おふろ

2 ④

3 ❶ 高そうですね

❷ 雨が 降りそうです

❸ 行く ことに なりました

듣기 대본

❶ この かばん、とても 高そうですね。

❷ 今にも 雨が 降りそうです。

❸ 吉田先生の 結婚式へ 行く ことに なりました。

해석

❶ 이 가방, 매우 비싸 보여요.

❷ 지금이라도 비가 내릴 것 같습니다.

❸ 요시다 선생님의 결혼식에 가게 되었습니다.

4 ②

듣기 대본

男の 人と 女の 人が 話して います。

▶ 男の 人は 土曜日に どう する つもりですか。

A 水曜日に 大阪へ 出張する ことに なりました。

B そうですか。ホテルに 泊まりますか。

A 水曜日は 旅館で 一泊して 木曜日から ホテルに 泊まります。あ、この 写真を 見てください。

B うわ~、とても よさそうですね。いつ 帰りますか。

A 土曜日に 帰ります。

B あ、土曜日は 中山先生の 結婚式だそうです。

A はい。僕も 行きます。9時出発だから 7時までに 空港に 到着しなければ ならないんです。それで、土曜日は 朝食を 食べない ことに しました。

B そうですか。じゃ、土曜日に 会いましょう。

A はい、わかりました。

▶ 男の 人は 土曜日に どう する つもりですか。

해석

남자와 여자가 이야기하고 있습니다.

▶ 남자는 토요일에 어떻게 할 생각입니까?

A 수요일에 오사카에 출장 가게 되었습니다.

B 그렇습니까? 호텔에 묵습니까?

A 수요일은 여관에서 1박 하고 목요일부터 호텔에 묵습니다. 아, 이 사진을 보세요.

B 우와~, 정말로 좋아 보이네요. 언제 돌아옵니까?

A 토요일에 돌아옵니다.

B 아, 토요일은 나카야마 선생님의 결혼식이라고 합니다.

A 네. 저도 갑니다. 9시 출발이니까 7시까지 공항에 도착하지 않으면 안 돼요. 그래서 토요일은 조식을 먹지 않기로 했습니다.

B 그렇습니까? 그럼, 토요일에 만납시다.

A 네, 알겠습니다.

▶ 남자는 토요일에 어떻게 할 생각입니까?

5 ②

6 ❶ おもしろいそうです, おもしろそうです

❷ 便利だそうです, 便利そうです

06

본책 96-97쪽

1 ❶ やちん ❷ じゅんび

❸ じかん ❹ ゆめ

2 ③

3 ❶ 人形みたいですね

❷ 準備で 忙しい

❸ 韓国人は 2人だけです

듣기 대본

❶ あの 学生、まるで 人形みたいですね。

❷ 最近 報告書の 準備で 忙しいようです。

❸ 教室に 韓国人は 2人だけです。

해석

❶ 저 학생, 마치 인형 같네요.

❷ 최근 보고서 준비로 바쁜 것 같습니다.

❸ 교실에 한국인은 두 명뿐입니다.

4 ①

듣기 대본

男の 人と 女の 人が 話して います。

▶ 男の 人は 何を 買う ことに しましたか。

A うわ～、かわいい。この 小さい バイクは まるで おもちゃみたいですね。

B そうですね。私、バイクと 自転車、どちらを 買った 方が いいのか わかりません。

A バイクの 値段は 思ったより 高くないようですね。

B はい、そうです。この 店は 安くて けっこう 有名らしいですよ。

A そうなんですか。

B いつも バスで 学校へ 行く 時は 10分しか かからないんですが、道が 混む 時は ３０分 ぐらい かかるんです。

A それなら 道が 混んでも 早く 行けるのが いいと 思いますよ。

B そうですね。車と バスが 多い 時は これに 乗って 行った 方が いいですね。

じゃ、私は これに します。

▶ 男の 人は 何を 買う ことに しましたか。

해석

남자와 여자가 이야기하고 있습니다.

▶ 남자는 무엇을 사기로 했습니까?

A 우와, 귀엽다. 이 작은 오토바이는 마치 장난감 같네요.

B 그렇네요. 저, 오토바이와 자전거, 어느 쪽을 사는 편이 좋은 것인지 모르겠습니다.

A 오토바이 가격은 생각보다 비싸지 않은 것 같아요.

B 네, 그렇습니다. 이 가게는 싸서 꽤 유명하다는 것 같아요.

A 그래요?

B 항상 버스로 학교에 갈 때는 10분밖에 안 걸리는데, 길이 막힐 때에는 30분 정도 걸려요.

A 그렇다면 길이 막혀도 빨리 갈 수 있는 것이 좋다고 생각해요.

B 그렇겠네요. 차와 버스가 많을 때에는 이것을 타고 가는 편이 좋겠네요.
그럼 저는 이것으로 하겠습니다.

▶ 남자는 무엇을 사기로 했습니까?

5 ③

6 ❶ 同僚(どうりょう)の, 同僚(どうりょう)

❷ 難(むずか)しく ない, 難(むずか)しく ない

본책 110-111쪽

1 ❶ かど ❷ こうばん

❸ こうさてん ❹ けさ

2 ②

3 ❶ 食(た)べすぎて

❷ 行(い)ったら いいのに

❸ 左(ひだり)に 曲(ま)がると 右側(みぎがわ)に あります

듣기 대본

❶ 昨日(きのう) 食(た)べすぎて お腹(なか)が 痛(いた)いんです。

❷ 一緒(いっしょ)に 行(い)ったら いいのに。

❸ 銀行(ぎんこう)なら 一(ひと)つ目(め)の 角(かど)を 左(ひだり)に 曲(ま)がると 右側(みぎがわ)に あります。

해석

❶ 어제 너무 먹어서 배가 아파요.

❷ 함께 가면 좋을 텐데.

❸ 은행이라면 첫 번째 모퉁이를 왼쪽으로 돌면 우측에 있습니다.

4 ①

듣기 대본

男(おとこ)の 人(ひと)が 道(みち)を 探(さが)して います。

▶ コンビニは どこに ありますか。

A すみません。コンビニへ 行(い)きたいんですが、どうやって 行(い)けば いいですか。

B コンビニなら この 近(ちか)くに ありますよ。
あそこの ホテル、見(み)えますか。

A はい、見(み)えます。

B ホテルを すぎて 左に 曲がると 右側に コンビニが あります。もし わからなかったら 交番に 行って 聞いて ください。

A はい、ありがとうございます。

▶ コンビニは どこに ありますか。

해석

남자가 길을 찾고 있습니다.

▶ 편의점은 어디에 있습니까?

A 실례합니다. 편의점에 가고 싶습니다만, 어떻게 가면 됩니까?

B 편의점이라면 이 근처에 있어요.
저기 호텔 보입니까?

A 네, 보입니다.

B 호텔을 지나서 왼쪽으로 돌면 우측에 편의점이 있습니다. 만약 모르면 파출소에 가서 물어보세요.

A 네, 감사합니다.

▶ 편의점은 어디에 있습니까?

5 ③

6 ❶ 食べすぎて, お腹
❷ 歌いすぎて, 喉

08

본책 124-125쪽

1 ❶ はなたば ❷ にもつ
❸ べんとう ❹ れきし

2 ①

3 ❶ 送って もらえますか
❷ 花束を 買って くれました
❸ 日本語を 教えて いただきました

듣기 대본

❶ ホテルまで 送って もらえますか。

❷ 友達は 私に 花束を 買って くれました。

❸ 私は 先生に 日本語を 教えて いただきました。

해석

❶ 호텔까지 바래다 주시겠어요?

❷ 친구는 저에게 꽃다발을 사 주었습니다.

❸ 선생님은 저에게 일본어를 가르쳐 주셨습니다.

4 ③

듣기 대본

男の 人と 女の 人が 話して います。

▶ 男の 人は 何を あげる つもりですか。

A これ、おいしそうですね。
どこで 買ったんですか。

B あ～、沖縄に 住んで いる 友達が 日本の お菓子を 送って くれたんです。
それで お礼に 私も 何か 買って あげようと 思って いるんですが、何を 買えば いいですか。

A　そうですね。韓国(かんこく)の のりは どうですか。

B　のりは 先月(せんげつ)、友達(ともだち)の 家(いえ)に 行(い)った 時(とき)、お母(かあ)さんに さしあげましたよ。
今度(こんど)、会(あ)う 時(とき)は 食(た)べ物(もの)よりは……。

A　それなら、CDは どうですか。

B　好(す)きな 歌手(かしゅ)の CDは たくさん 持(も)って いるので……。

A　では、好(す)きな 歌手(かしゅ)の Tシャツも いいし……。

B　それ、いいですね。友達(ともだち)は 服(ふく)が 好(す)きだから それが いいと 思(おも)います。
明日(あした) 買(か)いに 行(い)きますね。

▶ 男(おとこ)の 人(ひと)は 何(なに)を あげる つもりですか。

해석

남자와 여자가 이야기하고 있습니다.

▶ 남자는 무엇을 줄 생각입니까?

A　이거, 맛있을 것 같아요. 어디에서 샀어요?

B　아, 오키나와에 살고 있는 친구가 일본 과자를 보내 주었어요.

그래서 답례로 저도 뭔가 사 주려고 하는데요, 무엇을 사면 좋겠습니까?

A　글쎄요. 한국 김은 어떻습니까?

B　김은 지난달, 친구 집에 갔을 때 어머니께 드렸어요. 이번에 만날 때는 먹는 것보다는…….

A　그렇다면 CD는 어떻습니까?

B　좋아하는 가수 CD는 많이 가지고 있어서…….

A　그럼 좋아하는 가수의 티셔츠도 좋고…….

B　그거 좋겠네요. 친구는 옷을 좋아해서 그것이 좋다고 생각합니다.
내일 사러 갈래요.

▶ 남자는 무엇을 줄 생각입니까?

5　②

6　❶ 私(わたし)は 先輩(せんぱい)に 歌(うた)を 歌(うた)って もらいました

❷ 私(わたし)は 森先生(もりせんせい)に 日本語(にほんご)を 教(おし)えて いただきました

09 본책 138-139쪽

1 ❶ さつえい ❷ さいふ

❸ がいこく ❹ けいさつ

2 ②

3 ❶ 書かれて います

❷ 先生に 叱られました

❸ 資料を 頼まれて 残業を しました

듣기 대본

❶ この 本は 英語で 書かれて います。

❷ 授業に 遅れて 先生に 叱られました。

❸ 上司に 資料を 頼まれて 残業を しました。

해석

❶ 이 책은 영어로 써져 있습니다.

❷ 수업에 늦어서 선생님에게 혼났습니다.

❸ 상사에게 자료를 부탁받아서 잔업을 했습니다.

4 ③

듣기 대본

男の 人と 女の 人が 話して います。

▶ 男の 人は どんな 財布が いいと 思いますか。

A 先週末、バスの 中で 財布を すられて 新しいのを 買わなければ ならないんです。

B へ～、本当ですか。

A はい。それに 帰る 時、雨に 降られて 服も 濡れて しまったんです。

B それは 大変でしたね。

A それで 新しい 財布は どんな デザインが いいのか わからないので、一緒に 見に 行って くれますか。

B いいですよ。一緒に 行きましょう。

B どんな デザインが いいですか。

A カードが たくさん 入るのが いいんです。

B じゃ、この デザインは?

A それは ちょっと 子供っぽい 気が します。

B そうですか。じゃ、これは どうですか。

デザインも きれいだし、カードも たくさん 入りますよ。

A いいですね。僕は 長いのを 買う ことに します。

▶ 男の 人は どんな 財布が いいと 思いますか。

해석

남자와 여자가 이야기하고 있습니다.

▶ 남자는 어떤 지갑이 좋다고 생각합니까?

A 지난 주말, 버스 안에서 지갑을 소매치기 당해서 새로운 것을 사지 않으면 안 돼요.

B 에~, 정말입니까?

A 네. 게다가 돌아갈 때, 비를 맞아서 옷도 젖어 버렸어요.

B 그것은 힘들었겠네요.

A 그래서 새로운 지갑은 어떤 디자인이 좋을지 몰라서 함께 보러 가 주겠습니까?

B 좋아요. 같이 갑시다.

B 어떤 디자인이 좋습니까?

A 카드가 많이 들어가는 것이 좋아요.

B 그럼 이 디자인은?

A 그것은 좀 어린아이 같은 느낌이 듭니다.

B 그렇습니까? 그럼 이것은 어떻습니까?
디자인도 예쁘고, 카드도 많이 들어가네요.

A 좋네요. 저는 긴 것을 사기로 하겠습니다.

▶ 남자는 어떤 지갑이 좋다고 생각합니까?

5 ③

6 ❶ 映画鑑賞の ために,
映画を 見る ために
❷ 海外旅行の ために,
海外旅行に 行く ために

10

본책 152-153쪽

1 ❶ よしゅう ❷ ふくしゅう
❸ けんこう ❹ ぶちょう

2 ④

3 ❶ 読ませました
❷ 見れば 見るほど おもしろいですね
❸ 2時間も 待たされました

듣기 대본

❶ 先生は 私に 本を 読ませました。

❷ この 映画は 見れば 見るほど おもしろいですね。

❸ 大使館の 前で 2時間も 待たされました。

해석

❶ 선생님은 저에게 책을 읽게 했습니다.

❷ 이 영화는 보면 볼수록 재밌네요.

❸ 대사관 앞에서 2시간이나 (어쩔 수 없이) 기다렸습니다.

4 ③

듣기 대본

男の 人と 女の 人が 話して います。

▶ 女の 人が あまり 好きじゃない ものは 何ですか。

A 納豆を 食べた ことが ありますか。
とても おいしいんですが。

B 納豆は どんな 食べ物ですか。

A 納豆と いうのは 大豆から 作られた ものなんです。

B　え～、私は 大豆は ちょっと……。
子供の 時に 母に よく 食べさせられたので、
今は あまり 食べられません。

A　そうですか。幼い 時、私の 母は 健康の ために、毎朝 野菜ジュースを 飲ませて くれました。それに きのこも よく 食べさせられましたよ。

B　あ、そうでしたか。

▶ 女の 人が あまり 好きじゃない ものは 何ですか。

해석

남자와 여자가 이야기하고 있습니다.

▶ 여자가 그다지 좋아하지 않는 것은 무엇입니까?

A　낫토를 먹은 적이 있습니까?
정말로 맛있습니다만.

B　낫토는 어떤 음식입니까?

A　낫토라고 하는 것은 대두로 만들어진 것입니다.

B　에~, 저는 대두는 좀……. 어릴 때 엄마 때문에 억지로 자주 먹어서, 지금은 별로 못 먹습니다.

A　그렇습니까? 어릴 때 저희 엄마는 건강을 위해 매일 아침 채소 주스를 먹게 해 주셨습니다.
게다가 버섯도 자주 먹게 했어요.

B　아, 그랬습니까?

▶ 여자가 그다지 좋아하지 않는 것은 무엇입니까?

5　①

6　❶ 先生, 漢字を 書かせました,
先生, 漢字を 書かせられました
❷ 上司, 残業を させました,
上司, 残業を させられました

11　본책 166-167쪽

1　❶ ていしょく　❷ びじゅつ
❸ ひょうげん　❹ いっぱく

2　③

3　❶ どう なさいますか
❷ あちらでございます
❸ カードは お持ちですか

듣기 대본

❶ お支払いは どう なさいますか。

❷ トイレは あちらでございます。

❸ 割引カードは お持ちですか。

해석

❶ 지불은 어떻게 하시겠습니까?

❷ 화장실은 저쪽입니다.

❸ 할인 카드는 가지고 계십니까?

4　①

듣기 대본

女の 人が レストランで メニューを 見て います。

▶ 女の 人は 何を 注文しましたか。

A　いらっしゃいませ。何名様ですか。

B　一人です。

A　こちらへ どうぞ。
メニューでございます。

B　オムライス定食 一人前 お願いします。

A　はい。お飲み物は 何に なさいますか。
　コーヒーと ジュースが ございます。

B　コーヒーを お願いします。

A　ホットと アイス、どちらが よろしいですか。

B　ホットで。

A　はい、かしこまりました。

▶ 女の 人は 何を 注文しましたか。

해석

여자가 레스토랑에서 메뉴를 보고 있습니다.

▶ 여자는 무엇을 주문했습니까?

A　어서 오세요. 몇 분입니까?

B　한 명입니다.

A　이쪽으로 오세요.
　메뉴입니다.

B　오므라이스 정식 1인분 부탁합니다.

A　네. 음료는 무엇으로 하시겠습니까?
　커피와 주스가 있습니다.

B　커피를 부탁합니다.

A　따뜻한 것과 아이스, 어느 쪽이 좋습니까?

B　따뜻한 것으로.

A　네, 알겠습니다.

▶ 여자는 무엇을 주문했습니까?

5　①

6　❶ ご覧になりましたか
　❷ 勉強なさいましたか

본책 180-181쪽

1　❶ ちゅうい　❷ きけん
　❸ れんらく　❹ でんわばんごう

2　④

3　❶ お送りいたします
　❷ 閉まります, ご注意ください
　❸ どうぞ, ご案内いたします

듣기 대본

❶ ホテルまで お送りいたします。

❷ ドアが 閉まります。ご注意ください。

❸ こちらへ どうぞ。ご案内いたします。

해석

❶ 호텔까지 바래다 드리겠습니다.

❷ 문이 닫힙니다. 주의하세요.

❸ 이쪽으로 오세요. 안내해 드리겠습니다.

4　②

듣기 대본

2人は 電話で 話して います。

▶ 2人は 明日 何時に どこで 会う ことに しましたか。

A　はい、青山でございます。

B　いつも お世話に なって おります。
　S銀行の 佐藤です。
　明日、いつ お伺いしましょうか。

A　すみませんが、明日は 3時に 渋谷駅の 近くで セミナーが あるので、会社よりは

渋谷駅の カフェで 1時に 会えますか。

B はい、大丈夫です。

A 明日、先週の 資料も お願いいたします。

B はい。お持ちいたします。

A 1番出口に お着きになりましたら お電話ください。
カフェまで ご案内いたします。

B はい、承知しました。

▶ 2人は 明日 何時に どこで 会う ことにしましたか。

해석

두 사람은 전화로 이야기하고 있습니다.

▶ 두 사람은 내일 몇 시에 어디에서 만나기로 했습니까?

A 네, 아오야마입니다.

B 언제나 신세 지고 있습니다.
S은행의 사토입니다.
내일 언제 찾아뵐까요?

A 죄송합니다만, 내일은 3시에 시부야역 근처에서 세미나가 있어서, 회사보다는 시부야역 카페에서 1시에 만날 수 있습니까?

B 네, 괜찮습니다.

A 내일 지난주 자료도 부탁드립니다.

B 네. 가지고 가겠습니다.

A 1번 출구에 도착하시면 전화 주세요.
카페까지 안내해 드리겠습니다.

B 네, 알겠습니다.

▶ 두 사람은 내일 몇 시에 어디에서 만나기로 했습니까?

5 ④

6 ❶ 運んで いただけますか,
お運びいたします
❷ 説明して いただけますか,
ご説明いたします

4 워크북 | 맛있는 작문 연습 정답

02

워크북 6-7쪽

1 ここで 写真を 撮らないで ください。
2 あまり 心配しないで ください。
3 授業に 遅れないで ください。
4 タクシーに 乗らない 方が いいです。
5 佐藤さんには 言わない 方が いいです。
6 手術を 受けない 方が いいです。
7 日本語で 話さなければ なりません。
8 7時までに 空港に 到着しなければ なりません。
9 明日までに 一生懸命　漢字を 覚えなければ ならない。
10 病院に 入院しなくても いいです。
11 薬を 飲まなくても いいです。
12 明日は 休みなので 会社に 行かなくても いいです。

03

워크북 10-11쪽

1 私は 辛い 料理が あまり 食べられない。
2 明日は 約束が あるから 会えない。
3 カタカナは 読めない。
4 水泳は できない。
5 友達も 日本語を 習いたがって います。
6 妹も 一緒に 参加したがって います。
7 中国へ 遊びに 行けなく なりました。
8 明日は 休みですが、会社に 行かなければ ならないんです。

9 店に 人が 多くて 入れないんです。

10 会社が 忙しくて 図書館へ 行けなかった。

11 あの 歌手は 海外で もっと 有名かも しれません。

12 明日は 雪が 降るかも しれない。

04

워크북 14-15쪽

1 桜が 咲き始めました。

2 先月から 水泳を 習い始めました。

3 雪が 降り続いて います。

4 空港まで バスで 行こう。

5 土曜日に ドライブしよう。

6 公園に 行って 写真を 撮ろう。

7 久しぶりに 友達と 一緒に 映画を 見ようと 思います。

8 会社が 終わってから 家に 帰ろうと 思います。

9 アメリカへ 留学に 行こうと 思います。

10 学校の 前で 先輩を 待とうと 思います。

11 佐藤さんに 日本語で 話そうと 思って います。

12 水曜日は テストなので、一生懸命 勉強しようと 思って います。

05

워크북 18-19쪽

1 来月から ギターを 習う ことに しました。

2 9時に 美術館の 前で 友達に 会う ことに しました。

3 4月から 大学院に 通う ことに なりました。

4 銀行に 勤める ことに なりました。

5 天気予報に よると 明日は 雪が 降るそうです。

6 その ホテルは サービスが とても いいそうです。

7 この 歌は 海外でも 有名だそうです。

8 山田さんの 彼女は 中国人だそうです。

9 午後から 雨が 止むそうです。

10 この 映画、おもしろそうですね。

11 この カメラの 使い方は 簡単そうです。

12 今にも 夕立が 降りそうです。

06

워크북 22-23쪽

1 まるで 夢のようです。

2 あの 子供は まるで 人形みたいですね。

3 明日は 雪が 降るようです。

4 田中さんは 森さんが 好きみたいです。

5 佐藤さんは 家族と 一緒に 帰るらしいです。

6 来週から 台風が 来るらしいです。

7 さすが 林先輩らしいですね。

8 私は 男らしい タイプが 好きです。

9 財布の 中に 1,000円だけです。

10 女の 人は 私だけです。

11 韓国人は 一人しか いません。

12 家から 学校まで 自転車で 10分しか かかりません。

07

워크북 26-27쪽

1 どうやって 行けば いいですか。

2 この 道を まっすぐ 行くと 交差点に 出ます。

3 夏に なると 暑く なります。

4 橋を 渡って 左に 曲がって ください。

5 コンビニを すぎて 一つ目の 角を 右に 曲がって ください。

6 もし わからなかったら 私に 電話して ください。

7 歌なら 木村さんが 上手です。

8 頭が 痛いなら 家で ゆっくり 休んだ 方が いいです。

9 昨日、飲みすぎて 気分が 悪いです。

10 歌いすぎて 声が 出ないんです。

11 一緒に 会ったら いいのに。

12 一緒に 旅行したら よかったのに。

08

워크북 30-31쪽

1 私は 友達に お土産を あげました。

2 友達は 私に お菓子を くれました。

3 私は 部長に 報告書を さしあげました。

4 先生は 私に ワインを くださいました。

5 先輩は 青山さんに 花束を 買って あげました。

6 この ゆびわは 彼氏に 買って もらいました。

7 私は 友達に 日本料理を 作って あげました。

8 友達は 私に ペンを 買って くれました。

9 私は 先生に 英語を 教えて いただきました。

10 私は 秋山さんに プレゼントを 送って もらいました。

11 傘を 貸して もらえますか。

12 こちらに お名前を 書いて いただけますか。

워크북 34-35쪽

1 その 小説は 英語で 書かれて います。

2 この 歌は 海外でも 歌われて います。

3 あの 博物館は 100年前に 建てられました。

4 先生に ほめられました。

5 バスの 中で となりの 人に 足を 踏まれました。

6 雨に 降られて 服が 濡れて しまいました。

7 一緒に いるだけで 楽しいです。

8 景色を 見るだけで 癒されます。

9 海外旅行の ために 英語を 勉強して います。

10 サッカーの 試合を 見る ために チケットを 買いました。

11 昨日「家族」と いう 映画を 見ましたが、とても おもしろかったです。

12 あの 人は どこかで 会った ことが ある 気が します。

10

워크북 38-39쪽

1 先生は 私に 日本語で 発表させました。

2 先生は 毎日 3つずつ 漢字を 覚えさせます。

3 母は 私に 毎日 野菜ジュースを 飲ませます。

4 父は 私に 部屋の 掃除を させました。

5 駅の 前で 2時間も 待たせられました(待たされました)。

6 広場で 歌わせられました(歌わされました)。

7 この 小説は 読めば 読むほど おもしろいです。

8 中国語は 勉強すれば するほど 難しいですか。

9 値段は 安ければ 安いほど いいじゃ ないですか。

10 月曜日は デパートの 定休日じゃ ないですか。

11 納豆と いうのは 大豆から 作られた ものです。

12 忘年会に 人が 50人も 来ました。

워크북 42-43쪽

1 いらっしゃいませ。何名様でしょうか。

2 トイレは あちらでございます。

3 さくら定食、一人前 お願いします。

4 お会計 お願いします。

5 召し上がって ください。

6 こちらを ご覧ください(ご覧になって ください)。

7 お支払いは カードに なさいますか。

8 お飲み物は 何に なさいますか。

9 ホットと アイス、どちらが よろしいですか。

10 禁煙席で お願いします。

11 ポイントカードは お持ちですか。

12 割引カードは 持って いません。

워크북 46-47쪽

1 少々 お待ちください。

2 こちらに お名前と ご住所を お書きください。

3 日本の 文化に ついて 英語で ご説明ください。

4 危険なので ご注意ください。

5 ご案内いたします。

6 お電話いたします。

7 すぐに お持ちいたします。

8 お待たせしました(お待たせいたしました)。

9 新宿行きの バスは どこで 乗れば いいですか(乗ったら いいですか)。

10 電気が つきました。

11 ドアが 閉まって います。

12 ここに 車を 止めて ください。

맛있는 books

일본 여행x문화와 함께 배우는

문선희 저

워크북

맛있는 books

01 復習(ふくしゅう)しましょう。

복습해 봅시다.

'가타카나'로 써 보는

맛있는 여행 단어 ①

✶ 다음 여행 관련 가타카나 단어를 빈칸에 써 보세요.

1	コンサート 콘서트			
2	ビル 빌딩			
3	タワー 타워			
4	スピーチ 스피치			
5	プレゼント 선물			
6	モバイル 모바일			
7	スキー 스키			
8	バイト 아르바이트			

'가타카나'로 써 보는

맛있는 여행 단어 ②

✶ 다음 여행 관련 가타카나 단어를 빈칸에 써 보세요.

9	スーパー 슈퍼			
10	ドライブ 드라이브			
11	パン 빵			
12	テスト 테스트			
13	セミナー 세미나			
14	サッカー 축구			
15	ワンピース 원피스			
16	スカート 스커트			

'가타카나'로 써 보는

맛있는 여행 단어 ③

✶ 다음 여행 관련 가타카나 단어를 빈칸에 써 보세요.

No.	단어			
17	ズボン 바지			
18	ギター 기타			
19	ピアノ 피아노			
20	レンタカー 렌터카			
21	テレビ 텔레비전			
22	キャンセル 캔슬, 취소			
23	レシート 영수증			
24	リムジン 리무진			

02 バスに 乗(の)らない 方(ほう)が いいですね。

버스를 타지 않는 편이 좋겠네요.

맛있는 문장 연습 ①

날짜: /

36쪽
TRACK 01

✶ 다음 일본어 문장을 듣고 따라 읽어 보세요.

1

a ここで 写真(しゃしん)を 撮(と)らないで ください。

b 明日(あした)は 遅(おく)れないで ください。

2

a バスに 乗(の)らない 方(ほう)が いいです。

b たばこを 吸(す)わない 方(ほう)が いいです。

3

a 1時(いちじ)までに 行(い)かなければ なりません。

b 一生懸命(いっしょうけんめい) 運動(うんどう)しなければ なりません。

4

a スーツを 着(き)なくても いいです。

b 英語(えいご)で 話(はな)さなくても いいです。

맛있는 문장 연습 ②

날짜: /

✶ 다음 한국어 문장을 일본어로 말해 보세요.

1 🎙 □□□

a 여기에서 사진을 찍지 마세요.

b 내일은 늦지 마세요.

2 🎙 □□□

a 버스를 타지 않는 편이 좋습니다.

b 담배를 피우지 않는 편이 좋습니다.

3 🎙 □□□

a 1시까지 가지 않으면 안 됩니다.

b 열심히 운동하지 않으면 안 됩니다.

4 🎙 □□□

a 정장을 입지 않아도 됩니다.

b 영어로 말하지 않아도 됩니다.

맛있는 작문 연습

✶ **다음 한국어 문장을 일본어로 써 보세요.**

|Hint|

- 여기　ここ
- ~에서　~で
- 사진　写真(しゃしん)
- 찍다　撮(と)る
- ~하지 마세요　~ないで ください
- 너무　あまり
- 걱정하다　心配(しんぱい)する
- 수업　授業(じゅぎょう)
- 늦다, 지각하다　遅(おく)れる
- 택시　タクシー
- ~을/를 타다　~に 乗(の)る
- ~하지 않는 편이 좋다　~ない 方(ほう)が いい
- 말하다　言(い)う
- 수술　手術(しゅじゅつ)
- 받다　受(う)ける

1 여기에서 사진을 찍지 마세요.

2 너무 걱정하지 마세요.

3 수업에 늦지 마세요.

4 택시를 타지 않는 편이 좋습니다.

5 사토(佐藤(さとう)) 씨에게는 말하지 않는 편이 좋습니다.

6 수술을 받지 않는 편이 좋습니다.

날짜: /

|Hint|

- 일본어 日本語(にほんご)
- ~(으)로 ~で
- 이야기하다 話(はな)す
- ~하지 않으면 안 됩니다 ~なければ なりません
- ~시 ~時(じ)
- ~까지 ~までに
- 공항 空港(くうこう)
- 도착 到着(とうちゃく)
- 내일 明日(あした)
- 열심히 一生懸命(いっしょうけんめい)
- 한자 漢字(かんじ)
- 외우다, 암기하다 覚(おぼ)える
- ~하지 않으면 안 된다 ~なければ ならない
- 병원 病院(びょういん)
- 입원 入院(にゅういん)
- ~하지 않아도 됩니다 ~なくても いいです
- 약을 먹다 薬(くすり)を 飲(の)む
- 휴일 休(やす)み
- ~(이)기 때문에 ~(な)ので
- 회사 会社(かいしゃ)
- 가다 行(い)く

7 일본어로 이야기하지 않으면 안 됩니다.

8 7시까지 공항에 도착하지 않으면 안 됩니다.

9 내일까지 열심히 한자를 외우지 않으면 안 된다.

10 병원에 입원하지 않아도 됩니다.

11 약을 먹지 않아도 됩니다.

12 내일은 휴일이기 때문에 회사에 가지 않아도 됩니다.

정답 본책 권말 부록 206쪽

03 遊(あそ)びに 行(い)けなく なりました。
놀러 갈 수 없게 되었습니다.

맛있는 문장 연습 ①

날짜:　　/

50쪽
TRACK 02

✶ 다음 일본어 문장을 듣고 따라 읽어 보세요.

1

a 漢字(かんじ)が 読(よ)めない。

b 野菜(やさい)は あまり 食(た)べられない。

2

a 出張(しゅっちょう)に 行(い)けないかも しれない。

b 明日(あした)は 雨(あめ)が 降(ふ)るかも しれません。

3

a 友達(ともだち)も 水泳(すいえい)を 習(なら)いたがって います。

b 弟(おとうと)も 一緒(いっしょ)に 行(い)きたがって います。

4

a 中国語(ちゅうごくご)は 全然(ぜんぜん) 話(はな)せないんです。

b 明日(あした)は 会議(かいぎ)に 参加(さんか)できないんです。

맛있는 문장 연습 ②

날짜:　　/

50쪽

TRACK 02

✶ 다음 한국어 문장을 일본어로 말해 보세요.

1 🎙 □□□

a 한자를 읽을 수 없다.

b 채소는 그다지 먹을 수 없다.

2 🎙 □□□

a 출장 갈 수 없을지도 모른다.

b 내일은 비가 올지도 모릅니다.

3 🎙 □□□

a 친구도 수영을 배우고 싶어 합니다.

b 남동생도 같이 가고 싶어 합니다.

4 🎙 □□□

a 중국어는 전혀 말할 수 없거든요.

b 내일은 회의에 참석할 수 없거든요.

맛있는 작문 연습

✶ 다음 한국어 문장을 일본어로 써 보세요.

|Hint|

- 맵다 辛(から)い
- 요리 料理(りょうり)
- 약속 約束(やくそく)
- 있다 ある
- 만나다 会(あ)う
- 가타카나 カタカナ
- 읽다 読(よ)む
- 수영 水泳(すいえい)
- 할 수 있다 できる
- 친구 友達(ともだち)
- 일본어 日本語(にほんご)
- 배우다 習(なら)う
- ~하고 싶어 하다 ~たがる
- 여동생 妹(いもうと)
- 같이, 함께 一緒(いっしょ)に
- 참석, 참가 参加(さんか)

1 나는 매운 요리를 별로 못 먹어.

____

2 내일은 약속이 있어서 못 만나.

____

3 가타카나는 못 읽어.

____

4 수영은 못 해.

____

5 친구도 일본어를 배우고 싶어 합니다.

____

6 여동생도 같이 참석하고 싶어 합니다.

____

날짜: /

|Hint|

- 중국 中国(ちゅうごく)
- 놀다 遊(あそ)ぶ
- ~하러 가다 ~に 行(い)く
- 휴일 休(やす)み
- 회사 会社(かいしゃ)
- ~하지 않으면 안 된다 ~なければ ならない
- ~이에요, ~이거든요 ~んです
- 가게 店(みせ)
- 사람 人(ひと)
- 많다 多(おお)い
- 들어가다 入(はい)る
- 바쁘다 忙(いそが)しい
- 도서관 図書館(としょかん)
- 가수 歌手(かしゅ)
- 해외 海外(かいがい)
- 더, 좀 더 もっと
- 유명하다 有名(ゆうめい)だ
- ~일지도 모릅니다 ~かも しれません
- 눈이 내리다 雪(ゆき)が 降(ふ)る
- ~일지도 모른다 ~かも しれない

7 중국에 놀러 갈 수 없게 되었습니다.

8 내일은 휴일이지만, 회사에 가지 않으면 안 되거든요.

9 가게에 사람이 많아서 들어갈 수 없어요.

10 회사가 바빠서 도서관에 갈 수 없었다.

11 저 가수는 해외에서 더 유명할지도 모릅니다.

12 내일은 눈이 내릴지도 모른다.

정답 본책 권말 부록 206~207쪽

04 お花見に 行こうと 思って います。

꽃구경하러 가려고 합니다.

맛있는 문장 연습 ①

날짜:　　/

✶ 다음 일본어 문장을 듣고 따라 읽어 보세요.

1

a 地下鉄で 行こう。

b もう 一度 考えて みよう。

2

a 来月から 日本で 生活しようと 思います。

b １０時に 友達に 会おうと 思います。

3

a 一生懸命 ダイエットしようと 思って います。

b 早く 家に 帰ろうと 思って います。

4

a 雨が 降り始めました。

b 雨が ずっと 降り続いて います。

맛있는 문장 연습 ②

날짜: /

✶ 다음 한국어 문장을 일본어로 말해 보세요.

1 🎙 □□□

a 지하철로 가자.

b 다시 한번 생각해 봐야지(생각해 보자).

2 🎙 □□□

a 다음 달부터 일본에서 생활하려고 합니다.

b 10시에 친구를 만나려고 합니다.

3 🎙 □□□

a 열심히 다이어트하려고 합니다.

b 빨리 집에 돌아가려고 합니다.

4 🎙 □□□

a 비가 내리기 시작했습니다.

b 비가 쭉 계속 내리고 있습니다.

맛있는 작문 연습

✶ 다음 한국어 문장을 일본어로 써 보세요.

|Hint|

- 벚꽃 桜(さくら)
- 피다 咲(さ)く
- ~하기 시작하다 ~始(はじ)める
- 지난달 先月(せんげつ)
- 수영 水泳(すいえい)
- 배우다 習(なら)う
- 눈이 내리다 雪(ゆき)が降(ふ)る
- 계속(해서) ~하다 ~続(つづ)く
- 공항 空港(くうこう)
- ~까지 ~まで
- 버스 バス
- ~(으)로 ~で
- ~하자 ~(よ)う
- 토요일 土曜日(どようび)
- ~에 ~に
- 드라이브 ドライブ
- 공원 公園(こうえん)
- 사진 写真(しゃしん)
- 찍다 撮(と)る

1 벚꽃이 피기 시작했습니다.

____

2 지난달부터 수영을 배우기 시작했습니다.

____

3 눈이 계속 내리고 있습니다.

____

4 공항까지 버스로 가자.

____

5 토요일에 드라이브하자.

____

6 공원에 가서 사진을 찍자.

____

날짜:　　/

|Hint|

- 오랜만에　久(ひさ)しぶりに
- 친구　友達(ともだち)
- ~와 함께　~と 一緒(いっしょ)に
- 영화를 보다　映画(えいが)を 見(み)る
- ~하려고 하다　~(よ)うと 思(おも)う
- 끝나다　終(お)わる
- ~하고 나서　~てから
- 집에 돌아오다　家(いえ)に 帰(かえ)る
- 미국　アメリカ
- 유학　留学(りゅうがく)
- ~하러 가다　~に 行(い)く
- 학교　学校(がっこう)
- 앞　前(まえ)
- 선배　先輩(せんぱい)
- 기다리다　待(ま)つ
- 말하다　話(はな)す
- ~하려고 하다　~と 思(おも)って いる
- 수요일　水曜日(すいようび)
- 시험　テスト
- ~(이)라서　~(な)ので
- 열심히　一生懸命(いっしょうけんめい)
- 공부　勉強(べんきょう)

7 오랜만에 친구와 함께 영화를 보려고 합니다.

____

8 회사가 끝나고 나서 집에 돌아가려고 합니다.

____

9 미국에 유학하러 가려고 합니다.

____

10 학교 앞에서 선배를 기다리려고 합니다.

____

11 사토(佐藤(さとう)) 씨에게 일본어로 말하려고 합니다. (思(おも)って います)

____

12 수요일은 시험이라서 열심히 공부하려고 합니다. (思(おも)って います)

____

정답 본책 권말 부록 207쪽

05 最近(さいきん) 梅雨(つゆ)に 入(はい)ったそうですよ。

최근 장마에 접어들었다고 하네요.

맛있는 문장 연습 ①

날짜:　　/

✶ 다음 일본어 문장을 듣고 따라 읽어 보세요.

1

a 明日(あした)は 休(やす)みだそうです。

b この ベッドは とても 高(たか)いそうです。

2

a ニュースに よると 雪(ゆき)が 降(ふ)るそうです。

b 今(いま)にも 雨(あめ)が 降(ふ)りそうです。

3

a この パン、おいしそうですね。

b この 店(みせ)の 野菜(やさい)は 新鮮(しんせん)そうです。

4

a 日本(にほん)へ 出張(しゅっちょう)する ことに なりました。

b 海(うみ)へ 遊(あそ)びに 行(い)く ことに しました。

맛있는 문장 연습 ②

날짜: /

✶ 다음 한국어 문장을 일본어로 말해 보세요.

1

a 내일은 휴일이라고 합니다.

b 이 침대는 매우 비싸다고 합니다.

2

a 뉴스에 의하면 눈이 온다고 합니다.

b 지금이라도 비가 내릴 것 같습니다.

3

a 이 빵, 맛있어 보이네요.

b 이 가게의 채소는 신선해 보입니다.

4

a 일본에 출장 가게 되었습니다.

b 바다에 놀러 가기로 했습니다.

맛있는 작문 연습

✶ 다음 한국어 문장을 일본어로 써 보세요.

|Hint|

- 다음 달 来月(らいげつ)
- 기타 ギター
- 배우다 習(なら)う
- ~하기로 하다 ~ことに する
- 미술관 美術館(びじゅつかん)
- 앞 前(まえ)
- ~을/를 만나다 ~に 会(あ)う
- 대학원 大学院(だいがくいん)
- ~에 다니다 ~に 通(かよ)う
- ~하게 되다 ~ことに なる
- 은행 銀行(ぎんこう)
- ~에 근무하다 ~に 勤(つと)める
- 일기예보 天気予報(てんきよほう)
- ~에 의하면 ~に よると
- 내일 明日(あした)
- 눈이 내리다 雪(ゆき)が 降(ふ)る
- ~라고 합니다 ~そうです
- 그 その
- 호텔 ホテル
- 서비스 サービス
- 좋다 いい

1 다음 달부터 기타를 배우기로 했습니다.

____

2 9시에 미술관 앞에서 친구를 만나기로 했습니다.

____

3 4월부터 대학원에 다니게 되었습니다.

____

4 은행에 근무하게 되었습니다.

____

5 일기예보에 의하면 내일은 눈이 온다고 합니다.

____

6 그 호텔은 서비스가 매우 좋다고 합니다.

____

날짜:　　/

|**Hint**|

- 노래　歌(うた)
- 해외　海外(かいがい)
- ~에서　~で
- 유명하다　有名(ゆうめい)だ
- ~라고 한다　~そうだ
- 여자친구　彼女(かのじょ)
- 중국인　中国人(ちゅうごくじん)
- 오후　午後(ごご)
- ~부터　~から
- 비가 그치다　雨(あめ)が 止(や)む
- 영화　映画(えいが)
- 재미있다　おもしろい
- ~일 것 같다　~そうだ
- 이　この
- 카메라　カメラ
- 사용법　使(つか)い方(かた)
- 간단하다　簡単(かんたん)だ
- 지금이라도　今(いま)にも
- 소나기　夕立(ゆうだち)
- 내리다　降(ふ)る

7 이 노래는 해외에서도 유명하다고 합니다.

____

8 야마다(山田(やまだ)) 씨의 여자친구는 중국인이라고 합니다.

____

9 오후부터 비가 그친다고 합니다.

____

10 이 영화, 재미있을 것 같네요(재미있어 보이네요).

____

11 이 카메라의 사용법은 간단해 보이네요.

____

12 지금이라도 소나기가 내릴 것 같습니다.

____

정답 본책 권말 부록 207~208쪽

発表(はっぴょう)の 準備(じゅんび)で 忙(いそが)しいようですね。

발표 준비로 바쁜 것 같네요.

맛있는 문장 연습 ①

날짜:　　　/

✶ 다음 일본어 문장을 듣고 따라 읽어 보세요.

1 🎙 □□□

a まるで 子供(こども)のようですね。

b まるで おもちゃみたいです。

2 🎙 □□□

a 報告書(ほうこくしょ)の 準備(じゅんび)で 忙(いそが)しいようです。

b 彼(かれ)は うそを ついて いるようです。

3 🎙 □□□

a 来週(らいしゅう)、雪(ゆき)が 降(ふ)るらしいです。

b 私(わたし)は 男(おとこ)らしい タイプが 好(す)きです。

4 🎙 □□□

a 飛行機(ひこうき)で 1時間(いちじかん)しか かかりません。

b かばんの 中(なか)に りんごは ひとつだけです。

맛있는 문장 연습 ②

날짜:　　/

✶ 다음 한국어 문장을 일본어로 말해 보세요.

1

a 마치 아이 같네요.

b 마치 장난감 같습니다.

2

a 보고서 준비로 바쁜 것 같습니다.

b 그는 거짓말을 하고 있는 것 같습니다.

3

a 다음 주, 눈이 오는 것 같습니다.

b 저는 남자다운 타입을 좋아합니다.

4

a 비행기로 1시간밖에 안 걸립니다.

b 가방 안에 사과는 한 개뿐입니다.

맛있는 작문 연습

✶ 다음 한국어 문장을 일본어로 써 보세요.

|Hint|

- 마치 まるで
- 꿈 夢(ゆめ)
- ~인 것 같다 ~ようだ
- 아이, 어린이 子供(こども)
- 인형 人形(にんぎょう)
- ~인 것 같다(~ようだ의 회화체) ~みたいだ
- 눈이 내리다 雪(ゆき)が 降(ふ)る
- ~을/를 좋아하다 ~が 好(す)きだ
- 가족 家族(かぞく)
- ~와 함께 ~と 一緒(いっしょ)に
- ~인 것 같다, ~라는 것 같다 ~らしい
- 다음 주 来週(らいしゅう)
- ~부터 ~から
- 태풍 台風(たいふう)
- 오다 来(く)る

1 마치 꿈 같습니다. (ようだ)

____

2 저 아이는 마치 인형 같네요. (みたいだ)

____

3 내일은 눈이 내릴 것 같습니다. (ようだ)

____

4 다나카(田中(たなか)) 씨는 모리(森(もり)) 씨를 좋아하는 것 같습니다. (みたいだ)

____

5 사토(佐藤(さとう)) 씨는 가족과 함께 돌아오는 것 같습니다(온다는 것 같습니다).

____

6 다음 주부터 태풍이 오는 것 같습니다(온다는 것 같습니다).

____

날짜:　　/

|Hint|

- 과연, 역시　さすが
- 선배　先輩(せんぱい)
- ~답다　~らしい
- 남자　男(おとこ)
- 타입　タイプ
- 지갑　財布(さいふ)
- 안, 속　中(なか)
- 1,000엔　1,000円(せんえん)
- ~뿐, ~만　~だけ
- 여자　女(おんな)の人(ひと)
- 한국인　韓国人(かんこくじん)
- ~밖에　~しか
- 집　家(いえ)
- ~부터 ~까지　~から ~まで
- 자전거　自転車(じてんしゃ)
- ~로　~で
- 걸리다　かかる

7 역시(과연) 하야시(林(はやし)) 선배답네요.

____

8 저는 남자다운 타입을 좋아합니다.

____

9 지갑 안에 1,000엔뿐입니다.

____

10 여자는 저뿐입니다.

____

11 한국인은 한 명밖에 없습니다.

____

12 집에서 학교까지 자전거로 10분밖에 안 걸립니다.

____

정답 본책 권말 부록 208쪽

どうやって 行(い)けば いいですか。

어떻게 가면 됩니까?

맛있는 문장 연습 ①

날짜:　　/

106쪽
TRACK 06

✶ 다음 일본어 문장을 듣고 따라 읽어 보세요.

1

a 見(み)れば 見(み)るほど かわいいですね。

b 値段(ねだん)が 安(やす)ければ 買(か)います。

2

a まっすぐ 行(い)くと 交差点(こうさてん)に 出(で)ます。

b 2(に)に 3(さん)を 足(た)すと 5(ご)に なります。

3

a 到着(とうちゃく)したら 電話(でんわ)して ください。

b 一緒(いっしょ)に 食(た)べたら いいのに。

4

a 英語(えいご)なら 佐藤(さとう)さんが 上手(じょうず)です。

b 調子(ちょうし)が 悪(わる)いなら ゆっくり 寝(ね)た 方(ほう)が いいです。

맛있는 문장 연습 ②

날짜: /

106쪽

TRACK 06

✶ 다음 한국어 문장을 일본어로 말해 보세요.

1

a 보면 볼수록 귀엽네요.

b 가격이 싸면 사겠습니다.

2

a 쭉 가면 사거리가 나옵니다.

b 2에 3을 더하면 5가 됩니다.

3

a 도착하면 전화해 주세요.

b 같이 먹으면 좋을 텐데.

4

a 영어라면 사토 씨가 잘합니다.

b 컨디션이 안 좋다면 푹 자는 편이 좋습니다.

맛있는 작문 연습

✶ 다음 한국어 문장을 일본어로 써 보세요.

|Hint|

- 어떻게(해서) どうやって
- ~하면 ~ば
- 길 道(みち)
- 곧장, 쭉 まっすぐ
- ~하면 ~と
- 사거리가 나오다 交差点(こうさてん)に 出(で)る
- 여름 夏(なつ)
- ~이/가 되다 ~に なる
- 덥다 暑(あつ)い
- ~(하)게 되다 ~く なる
- 다리 橋(はし)
- 건너다 渡(わた)る
- 왼쪽 左(ひだり)
- 돌다 曲(ま)がる
- ~해 주세요 ~て ください
- 편의점 コンビニ
- 지나다 すぎる
- 첫 번째 一(ひと)つ目(め)
- 모퉁이 角(かど)
- 오른쪽 右(みぎ)
- 만약 もし
- ~하면 ~たら
- 전화 電話(でんわ)

1 어떻게(해서) 가면 됩니까?

____

2 이 길을 곧장 가면 사거리가 나옵니다.

____

3 여름이 되면 더워집니다.

____

4 다리를 건너서 왼쪽으로 도세요.

____

5 편의점을 지나서 첫 번째 모퉁이를 오른쪽으로 도세요.

____

6 만약 모르면 저에게 전화해 주세요.

____

날짜:　　/

|Hint|

- 노래 歌(うた)
- ~라면 ~なら
- 잘하다 上手(じょうず)だ
- 머리 頭(あたま)
- 아프다 痛(いた)い
- 집 家(いえ)
- ~에서 ~で
- 푹 ゆっくり
- 쉬다 休(やす)む
- ~하는 편이 좋다 ~た 方(ほう)が いい
- 어제 昨日(きのう)
- 마시다 飲(の)む
- 너무(지나치게) ~하다 ~すぎる
- 속이 안 좋다 気分(きぶん)が 悪(わる)い
- 노래 부르다 歌(うた)う
- 목소리가 나오다 声(こえ)が 出(で)る
- ~(인)데 ~のに
- 여행 旅行(りょこう)

7 노래라면 기무라(木村(きむら)) 씨가 잘합니다.

____

8 머리가 아프면 집에서 푹 쉬는 편이 좋습니다.

____

9 어제 너무 많이 마셔서 속이 안 좋습니다.

____

10 노래를 많이 불러서 목소리가 안 나와요.

____

11 같이 만나면 좋을 텐데.

____

12 같이 여행 가면 좋았을 텐데.

____

정답 본책 권말 부록 208~209쪽

08 荷物を 預かって もらえますか。

(にもつ / あず)

짐을 맡아 주시겠어요?

맛있는 문장 연습 ①

날짜: /

120쪽

TRACK 07

✶ 다음 일본어 문장을 듣고 따라 읽어 보세요.

1

a 私(わたし)は 彼女(かのじょ)に 花束(はなたば)を 買(か)って あげました。

b 私(わたし)は 社長(しゃちょう)に 商品券(しょうひんけん)を さしあげました。

2

a 友達(ともだち)は 私(わたし)に ギターを 弾(ひ)いて くれました。

b 先生(せんせい)は 私(わたし)に ペンを くださいました。

3

a タクシーを 呼(よ)んで もらえますか。

b 私(わたし)は 先生(せんせい)に 歴史(れきし)を 教(おし)えて いただきました。

4

a これは 彼女(かのじょ)が 作(つく)って くれた ケーキ(けーき)です。

b 私(わたし)は 妹(いもうと)に 人形(にんぎょう)を 買(か)って あげる つもりです。

맛있는 문장 연습 ②

날짜:　　/

✶ 다음 한국어 문장을 일본어로 말해 보세요.

1 🎙 □□□

a 저는 그녀에게 꽃다발을 사 줬습니다.

b 저는 사장님께 상품권을 드렸습니다.

2 🎙 □□□

a 친구는 저에게 기타를 쳐 주었습니다.

b 선생님은 저에게 펜을 주셨습니다.

3 🎙 □□□

a 택시를 불러 주시겠습니까?

b 선생님은 저에게 역사를 가르쳐 주셨습니다.

4 🎙 □□□

a 이것은 여자친구가 만들어 준 케이크입니다.

b 저는 여동생에게 인형을 사 줄 생각입니다.

맛있는 작문 연습

✶ 다음 한국어 문장을 일본어로 써 보세요.

|Hint|

- ~에게 ~に
- 여행 선물 お土産(みやげ)
- (상대방에게) 주다 あげる
- 과자 お菓子(かし)
- (상대방이) 주다 くれる
- 부장 部長(ぶちょう)
- 보고서 報告書(ほうこくしょ)
- 드리다 さしあげる
- 와인 ワイン
- (상대방이) 주시다 くださる
- 선배 先輩(せんぱい)
- 꽃다발 花束(はなたば)
- 사다 買(か)う
- 이 この
- 반지 ゆびわ
- 남자친구 彼氏(かれし)
- ~해 주다(받다) ~て もらう

1 저는 친구에게 여행 선물을 주었습니다.

____

2 친구는 저에게 과자를 주었습니다.

____

3 저는 부장님께 보고서를 드렸습니다.

____

4 선생님은 저에게 와인을 주셨습니다.

____

5 선배는 아오야마(青山(あおやま)) 씨에게 꽃다발을 사 주었습니다.

____

6 이 반지는 남자친구가 사 주었습니다. (~て もらう)

____

날짜: /

|Hint|

- 일본 요리 日本料理(にほんりょうり)
- 만들다 作(つく)る
- 펜 ペン
- 영어 英語(えいご)
- 가르치다 教(おし)える
- ~해 주다(받다) ~て いただく
- 선물 プレゼント
- 보내다 送(おく)る
- 우산 傘(かさ)
- 빌려 주다 貸(か)す
- ~해 주시겠어요? ~て もらえますか
- 이쪽, 여기 こちら
- 성함(정중한 표현) お名前(なまえ)
- ~해 주시겠습니까? ~て いただけますか

7 저는 친구에게 일본 요리를 만들어 주었습니다.

____

8 친구는 저에게 펜을 사 주었습니다.

____

9 선생님은 저에게 영어를 가르쳐 주셨습니다. (~て いただく)

____

10 아키야마(秋山(あきやま)) 씨는 저에게 선물을 보내 주었습니다. (~て もらう)

____

11 우산을 빌려 주시겠습니까? (~て もらえますか)

____

12 여기에 성함을 써 주시겠습니까? (~て いただけますか)

____

정답 본책 권말 부록 209쪽

09 見(み)るだけで 癒(いや)されますね。

보는 것만으로 힐링되네요.

맛있는 문장 연습 ①

날짜:　　/

✶ 다음 일본어 문장을 듣고 따라 읽어 보세요.

1 🎙 □□□

a 電車(でんしゃ)の 中(なか)で 足(あし)を 踏(ふ)まれました。

b 先生(せんせい)に ほめられました。

2 🎙 □□□

a この 歌(うた)は 外国(がいこく)でも 愛(あい)されて います。

b あの ビルは 5年前(ごねんまえ)に 建(た)てられました。

3 🎙 □□□

a 建築(けんちく)を 習(なら)う ために 日本(にほん)へ 来(き)ました。

b 映画鑑賞(えいがかんしょう)の ために チケットを 買(か)いました。

4 🎙 □□□

a 一緒(いっしょ)に いるだけで 楽(たの)しいです。

b 想像(そうぞう)するだけで わくわく しますね。

맛있는 문장 연습 ②

날짜:　　/

✶ 다음 한국어 문장을 일본어로 말해 보세요.

1

a 전철 안에서 발을 밟혔습니다.

b 선생님한테 칭찬받았습니다.

2

a 이 노래는 외국에서도 사랑받고 있습니다.

b 저 빌딩은 5년 전에 지어졌습니다.

3

a 건축을 배우기 위해서 일본에 왔습니다.

b 영화 관람을 위해서 티켓을 샀습니다.

4

a 함께 있는 것만으로 즐겁습니다.

b 상상하는 것만으로 설레네요.

맛있는 작문 연습

✶ 다음 한국어 문장을 일본어로 써 보세요.

|Hint|

- 소설 小説(しょうせつ)
- 영어 英語(えいご)
- 노래 歌(うた)
- 해외 海外(かいがい)
- 노래 부르다 歌(うた)う
- 박물관 博物館(はくぶつかん)
- 100년 100年(ひゃくねん)
- 전 前(まえ)
- 짓다, 세우다 建(た)てる
- 칭찬하다 ほめる
- 버스 バス
- ~에서 ~で
- 옆, 이웃 となり
- 발 足(あし)
- 밟다 踏(ふ)む
- 비가 오다(피해 수동) 雨(あめ)に降(ふ)られる
- 옷 服(ふく)
- 젖다 濡(ぬ)れる
- ~해 버리다 ~て しまう

1 그 소설은 영어로 쓰여져 있습니다.

____

2 이 노래는 해외에서도 불려지고 있습니다.

____

3 저 박물관은 100년 전에 지어졌습니다.

____

4 선생님께 칭찬받았습니다.

____

5 버스 안에서 옆 사람에게 발을 밟혔습니다.

____

6 비가 와서 옷이 젖어 버렸습니다.

____

날짜:　　　/

|Hint|

- 같이, 함께　一緒(いっしょ)に
- (사람, 생물) 있다　いる
- ~만으로　~だけで
- 경치　景色(けしき)
- 힐링되다　癒(いや)される
- 해외 여행　海外旅行(かいがいりょこう)
- ~을/를 위해서, ~하기 위해서　~(の)ために
- 영어　英語(えいご)
- 공부　勉強(べんきょう)
- 축구　サッカー
- 시합　試合(しあい)
- 티켓　チケット
- 사다　買(か)う
- 가족　家族(かぞく)
- ~(이)라고 하는　~と いう
- 영화　映画(えいが)
- 매우, 아주　とても
- 재미있다　おもしろい
- 어딘가　どこか
- ~한 적이 있다　~た ことが ある
- 느낌이 들다　気(き)が する

7 같이 있는 것만으로 즐겁습니다.

____

8 경치를 보는 것만으로도 힐링됩니다.

____

9 해외 여행을 위해서 영어를 공부하고 있습니다.

____

10 축구 시합을 보기 위해서 티켓을 샀습니다.

____

11 어제 「가족」이라는 영화를 봤는데, 아주 재미있었습니다.

____

12 저 사람은 어딘가에서 만난 적이 있는 느낌이 듭니다.

____

정답 본책 권말 부록 210쪽

10 1時間も 待たせられましたよ。

1시간이나 기다렸어요.

맛있는 문장 연습 ①

날짜: /

✶ 다음 일본어 문장을 듣고 따라 읽어 보세요.

1

a 私は 子供に 野菜ジュースを 飲ませました。

b 先生は 私に 毎日 単語を 覚えさせます。

2

a みんなの 前で 歌わされました。

b 先生に トイレの 掃除を させられました。

3

a それは 当たり前じゃ ないですか。

b それは 人に よって 違うんじゃ ないですか。

4

a 学校の 前で 1時間も 待たされました。

b ワンさんの 結婚式に １０００人も 来ました。

맛있는 문장 연습 ②

날짜: /

✶ 다음 한국어 문장을 일본어로 말해 보세요.

1

a 저는 아이에게 채소 주스를 마시게 했습니다.

b 선생님은 저에게 매일 단어를 외우게 합니다.

2

a 모두의 앞에서 (어쩔 수 없이) 노래 불렀습니다.

b 선생님 때문에 화장실 청소를 (억지로) 했습니다.

3

a 그것은 당연하지 않습니까?

b 그것은 사람에 따라 다르지 않습니까?

4

a 학교 앞에서 1시간이나 (어쩔 수 없이) 기다렸습니다.

b 왕 씨의 결혼식에 천 명이나 왔습니다.

맛있는 작문 연습

✶ 다음 한국어 문장을 일본어로 써 보세요.

|Hint|

- ~(으)로　~で
- 발표　発表(はっぴょう)
- ~하게 하다　~させる
- 매일　毎日(まいにち)
- 3개　3つ(みっ)
- ~씩　~ずつ
- 한자　漢字(かんじ)
- 외우다, 기억하다　覚(おぼ)える
- 어머니, 엄마　母(はは)
- 채소　野菜(やさい)
- 주스　ジュース
- 마시다　飲(の)む
- 아버지, 아빠　父(ちち)
- 방　部屋(へや)
- 청소　掃除(そうじ)
- 역　駅(えき)
- 앞　前(まえ)
- 시간　時間(じかん)
- ~이나　~も
- 어쩔 수 없이 ~하다　~せられる(される)
- 기다리다　待(ま)つ
- 광장　広場(ひろば)
- 노래 부르다　歌(うた)う

1 선생님은 저에게 일본어로 발표하게 했습니다.

____

2 선생님은 매일 3개씩 한자를 외우게 합니다.

____

3 엄마는 저에게 매일 채소 주스를 마시게 합니다.

____

4 아빠는 저에게 방 청소를 시켰습니다.

____

5 역 앞에서 2시간이나 (어쩔 수 없이) 기다렸습니다.

____

6 광장에서 (어쩔 수 없이) 노래를 불렀습니다.

____

날짜:　　　/

|Hint|

- 소설　小説(しょうせつ)
- 읽다　読(よ)む
- ~하면 ~할수록　~ば ~ほど
- 재미있다　おもしろい
- 중국어　中国語(ちゅうごくご)
- 공부하다　勉強(べんきょう)する
- 어렵다　難(むずか)しい
- 가격　値段(ねだん)
- 싸다　安(やす)い
- ~(이)지 않습니까?, ~(이)잖아요　~じゃ ないですか
- 월요일　月曜日(げつようび)
- 백화점　デパート
- 정기 휴일　定休日(ていきゅうび)
- 낫토　納豆(なっとう)
- ~라는 것은　~と いうのは
- 대두　大豆(だいず)
- ~로부터　~から
- 만들다　作(つく)る
- 것, 물건　もの
- 망년회　忘年会(ぼうねんかい)

7 이 소설은 읽으면 읽을수록 재미있습니다.

8 중국어는 공부하면 할수록 어렵습니까?

9 가격은 싸면 쌀수록 좋지 않습니까?

10 월요일은 백화점 정기 휴일이지 않습니까?

11 낫토라고 하는 것은 대두로 만들어진 것입니다.

12 망년회에 사람이 50명이나 왔습니다.

정답 본책 권말 부록 210쪽

11 お支払(しはら)いは どう なさいますか。

지불은 어떻게 하시겠습니까?

맛있는 문장 연습 ①

날짜:　　/

✶ 다음 일본어 문장을 듣고 따라 읽어 보세요.

1

a 部長(ぶちょう)は いらっしゃいますか。

→ はい、おります。/ いいえ、おりません。

2

a お支払(しはら)いは どう なさいますか。

→ カードで お願(ねが)いします。

3

a 本日(ほんじつ)から 一泊(いっぱく)で よろしいですか。

b 喫煙席(きつえんせき)と 禁煙席(きんえんせき)、どちらが よろしいですか。

4

a 割引(わりびき)カードは お持(も)ちでしょうか。

b お持(も)ち帰(かえ)りですか。

맛있는 문장 연습 ②

날짜:　　/

162쪽

TRACK 10

✶ 다음 한국어 문장을 일본어로 말해 보세요.

1

a 부장님은 계십니까?

→ 네, 계십니다. / 아니요, 안 계십니다.

2

a 지불은 어떻게 하시겠습니까?

→ 카드로 부탁합니다.

3

a 오늘부터 1박입니까?

b 흡연석과 금연석, 어느 쪽이 좋으십니까?

4

a 할인 카드는 갖고 계십니까?

b 갖고 가십니까(포장입니까)?

맛있는 작문 연습

✶ **다음 한국어 문장을 일본어로 써 보세요.**

|Hint|

- 어서 오세요 いらっしゃいませ
- 몇 분 何名様(なんめいさま)
- ~입니까? ~でしょうか
- 화장실 トイレ
- 저쪽 あちら
- ~입니다 ~でございます
- 정식 定食(ていしょく)
- 1인분 一人前(いちにんまえ)
- 부탁합니다 お願(ねが)いします
- 계산, 회계 お会計(かいけい)
- 드시다 召(め)し上(あ)がる(食(た)べる의 경어체)
- 이쪽 こちら
- 보시다 ご覧(らん)になる(見(み)る의 경어체)

1 어서 오십시오. 몇 분이십니까?

____

2 화장실은 저쪽입니다.

____

3 사쿠라 정식 1인분 부탁합니다.

____

4 계산 부탁드립니다.

____

5 드십시오.

____

6 이쪽을 보십시오.

____

날짜:　　　/

|Hint|

- 지불　お支払い(しはらい)
- 카드　カード
- ~(으)로 하시겠습니까?　~に なさいますか
- 음료　お飲み物(のみもの)（飲み物의 정중한 표현）
- 뜨거운 것, hot　ホット
- ~와/과　~と
- 차가운 것, ice　アイス
- 어느 쪽　どちら
- 좋으십니까?　よろしいですか（いいですか의 정중체）
- 금연석　禁煙席(きんえんせき)
- ~(으)로　~で
- 부탁합니다　お願い(ねが)します
- 포인트 카드　ポイントカード
- ~이십니까?　お~ですか
- 가지다　持(も)つ
- 할인 카드　割引(わりびき)カード
- 갖고 있지 않습니다　持(も)って いません

7 지불은 카드로 하시겠습니까?

____

8 음료는 무엇으로 하시겠습니까?

____

9 뜨거운 것과 차가운 것, 어느 쪽이 좋으십니까?

____

10 금연석으로 부탁합니다.

____

11 포인트 카드는 갖고 계십니까?

____

12 할인 카드는 갖고 있지 않습니다.

____

정답 본책 권말 부록 211쪽

12 黄色い線の 内側で お待ちください。

노란선 안쪽에서 기다려 주십시오.

맛있는 문장 연습 ①

날짜: /

✶ 다음 일본어 문장을 듣고 따라 읽어 보세요.

1

a この 本、お読みに なりましたか。

b 学校の 生活に ついて お話しします。

2

a 渋谷駅で お乗り換えください。

b お名前と お電話番号を お書きください。

3

a すぐに お持ちいたします。

b ご案内いたします。

4

a ドアが 閉まります。ご注意ください。

b 電気を つけて ください。

맛있는 문장 연습 ②

날짜: /

✶ 다음 한국어 문장을 일본어로 말해 보세요.

1

a 이 책, 읽으셨습니까?

b 학교생활에 대해서 이야기해 드리겠습니다.

2

a 시부야역에서 갈아타 주십시오.

b 성함과 전화번호를 써 주십시오.

3

a 바로 가져다 드리겠습니다.

b 안내해 드리겠습니다.

4

a 문이 닫힙니다. 주의해 주십시오.

b 불을 켜 주세요.

맛있는 작문 연습

✶ 다음 한국어 문장을 일본어로 써 보세요.

|Hint|

- 잠시　少々（しょうしょう）
- ～해 주십시오　お(ご)～ください
- 기다리다　待つ（ま）
- 이름　名前（なまえ）
- 주소　住所（じゅうしょ）
- 쓰다　書く（か）
- 문화　文化（ぶんか）
- ～에 대해서　～に ついて
- 영어　英語（えいご）
- 설명　説明（せつめい）
- 위험하다　危険だ（きけん）
- ～(이)기 때문에　～(な)ので
- 주의　注意（ちゅうい）
- 안내　案内（あんない）
- ～해 드리겠습니다　お(ご)～いたします
- 전화　電話（でんわ）

1 잠시만 기다려 주십시오.

2 이쪽에 성함과 주소를 써 주십시오.

3 일본의 문화에 대해서 영어로 설명해 주십시오.

4 위험하니까 주의해 주십시오.

5 안내해 드리겠습니다.

6 전화 드리겠습니다.

날짜:　　/

|Hint|

- 바로, 곧　すぐに
- 가지다　持(も)つ
- 기다리게 하다　待(ま)たせる
- 신주쿠　新宿(しんじゅく)
- ~행　~行(ゆ)き
- 버스　バス
- 타다　乗(の)る
- ~하면　~ば
- 전기, 불　電気(でんき)
- 켜지다　つく
- 문　ドア
- 닫히다　閉(し)まる
- ~되어 있다　~て いる
- 차　車(くるま)
- 세우다　止(と)める

7 바로 가져다 드리겠습니다.

8 오래 기다리셨습니다.

9 신주쿠행 버스는 어디에서 타면 됩니까?

10 불이 켜졌습니다.

11 문이 닫혀 있습니다.

12 여기에 차를 세워 주세요.

정답 본책 권말 부록 211쪽

맛있는 books